Delikatesat e Kuzhinës Kinëze
Shijoni Bukurinë e Shijes së Kinës

Mei Lin

Përmbledhje

Mish krokante me salce kerri *10*
Curry viçi i zier *11*
Mish kerri i pjekur *12*
Mish viçi me hudhër *13*
Xhenxhefil viçi *14*
Mish viçi i zier i kuq me xhenxhefil *15*
Mish viçi me bishtaja *16*
Mish viçi i nxehtë *17*
Straccetti të nxehtë viçi *18*
Mish viçi me Mangetout *20*
Mish viçi i marinuar *21*
Mish viçi dhe kërpudha të skuqura *22*
Mish viçi i marinuar *23*
Mish viçi i pjekur me kërpudha *24*
Mish viçi i skuqur me petë *26*
Mish viçi me petë orizi *27*
Mish viçi me qepë *28*
Mish viçi dhe bizele *29*
Kërcim viçi me qepë të skuqur *30*
Mish viçi me lëvozhgë të tharë portokalli *31*
Mish viçi me salcë goca deti *32*
Mish viçi me speca *33*
Biftek me piper *34*
Mish viçi me speca *35*
Shirita rosto viçi me speca jeshil *36*
Mish viçi me turshi kineze *37*
Biftek me patate *38*
Mish viçi i gatuar i kuq *39*
Viçi i shijshëm *40*
Mish viçi i bluar *41*
Mish viçi i bluar në stilin familjar *42*
Mish viçi me erëza *43*

Mish viçi i marinuar me spinaq 44
Mish fasule e zezë me qepë të pranverës 46
Mish i pjekur me qepë të pranverës 47
Mish viçi dhe qepë me salcë peshku 48
Mish viçi në avull 49
Çomlek viçi 50
Grykë të zier 51
Mish i pjekur 52
Shirita bifteku 54
Mish viçi në avull me patate të ëmbla 55
Fileto viçi 56
Bukë e pjekur nga viçi 57
Tofu me mish viçi djegës Tofu 58
Mish viçi me domate 59
Mish viçi i kuq i gatuar me rrepë 60
Mish viçi me perime 61
Çomlek viçi 62
Biftek i mbushur 63
Pemë viçi 65
Qofte krokante 66
Mish i grirë me shqeme 68
Mish viçi në salcë të kuqe 69
Qofte viçi me oriz ngjitës 70
Qofte me salcë të ëmbël dhe të thartë 71
Puding me mish të zier në avull 73
Mish i grirë në avull 74
Mish i grirë me salcë goca deti 75
Rolls viçi 76
Qofte viçi dhe spinaqi 77
Mish viçi i skuqur me tofu 78
Qengji me asparagus 79
raft qengji 80
Qengji me bishtaja 81
qengji i zier 82
Qengji me brokoli 83
Qengji me gështenja uji 84

Qengji me lakër	85
Lamb Chow Mein	86
kerri qengji	87
Qengj me aromë	89
Kube qengji të pjekur në skarë	90
Qengji me Mangetout	91
Qengj i marinuar	92
Qengji me kërpudha	93
Mish qengji me salcë goca deti	94
Qengji i zier i kuq	95
Qengji me qepë të pranverës	96
Biftekët e butë të qengjit	97
merak me mish qengji	98
Qengj i pjekur	100
Qengji dhe perime	101
Qengji me tofu	102
Qengj i pjekur	104
Pjekje qengji me mustardë	105
Gjoksi i qengjit të mbushur	106
Qengji në furrë	107
Qengji dhe oriz	108
Qengji i shelgut	109
Mish derri me bajame	110
Mish derri me fidane bambuje	111
Mish derri i pjekur në skarë	112
Mish derri dhe fasule me lakër	113
Pulë me kërcell bambuje	114
Proshutë në avull	115
Proshutë me lakër	116
Pulë me bajame	117
Pulë me bajame dhe gështenja uji	119
Pulë me bajame dhe perime	120
Pulë me anise	121
Pulë me kajsi	123
Pulë me asparagus	124
Pulë patëllxhan	125

Pulë e mbështjellë me proshutë	126
Pulë me lakër fasule	127
Pulë me salcë fasule të zezë	128
Pulë me brokoli	129
Pulë me lakër dhe kikirikë	130
Pulë shqeme	131
Pulë me gështenja	132
Pulë djegëse pikante	133
Pulë e skuqur me djegës	135
pulë kineze	136
Chicken Chow Mein	137
Pulë e skuqur me erëza	139
Pulë e skuqur me tranguj	141
Curry pule djegëse	142
Kari kinez i pulës	143
Curry i shpejtë i pulës	144
Kari pule me patate	145
Kofshët e pulës së skuqur	146
Pulë e skuqur me salcë kerri	147
pulë e dehur	148
Pulë e kripur me vezë	149
Rrotullat e vezëve të pulës	151
Pulë e zier me vezë	153
Pulë nga Lindja e Largët	155
Pule Foo Yung	156
Proshutë dhe pulë Foo Yung	157
Pulë e skuqur me xhenxhefil	158
Pulë me xhenxhefil	159
Pulë me xhenxhefil me kërpudha dhe gështenja	160
Pulë e artë	161
Zierje pule e artë e marinuar	162
Monedha ari	164
Pulë e zier në avull me proshutë	165
Pulë me salcë Hoisin	166
Pulë me mjaltë	167
pulë "Kung Pao	168

Pulë me presh 169
Pulë me limon 170
Pulë me limon të skuqur në tigan 172
Mëlçi pule me kërcell bambuje 173
Mëlçitë e pulës së skuqur 174
Mëlçi pule me bizele bore 175
Mëlçi pule me petulla 176
Mëlçi pule me salcë goca deti 177
Mëlçia e pulës me ananas 178
Mëlçi pule e ëmbël dhe e thartë 179
Pulë me lychees 180
Pulë me salcë lychee 181
Pulë me bizele bore 182
fëmijë mango 183
Shalqi i mbushur me pule 184
Pulë e skuqur dhe kërpudha 185
Pulë me kërpudha dhe lajthi 186
Pulë e skuqur me kërpudha 188
Pulë e zier në avull me kërpudha 189
Pulë me qepë 190
Pulë me portokall dhe limon 191
Pulë me salcë goca deti 192
Pako pule 193
Pulë lajthie 194
Pulë me gjalpë kikiriku 195
Pulë me bizele të gjelbra 196
Pulë e Pekinit 197
Pulë me speca 198
Pulë e skuqur me speca 200
Pulë dhe ananas 202
Pulë me ananas dhe lychee 203
Pulë me mish derri 204
Pulë e zier me patate 205
Pesë pule me erëza me patate 206
Pulë e pjekur e kuqe 207
Qofte pule 208

Pulë e kripur *209*
Pulë në vaj susami *210*
Sherry pule *211*
Pulë me salcë soje *212*
Pulë e pjekur pikante *213*
Pulë me spinaq *214*
Spring rolls me pulë *215*

Mish krokante me salce kerri

Ju mbani 4

1 vezë e rrahur
15 ml/1 lugë gjelle miell misri (niseshte misri)
5 ml/1 lugë çaji bikarbonat natriumi (bikarbonat natriumi)
15 ml/1 lugë gjelle verë orizi ose sheri të thatë
15 ml/1 lugë gjelle salcë soje
225 g/8oz viçi pa dhjamë, i prerë në feta
90 ml/6 lugë vaj
100g/4oz pastë kerri

Përzieni vezën, miellin e misrit, sodën e bukës, verën ose sherin dhe salcën e sojës. Përzieni mishin e viçit dhe 15 ml/1 lugë gjelle vaj. Ngrohni vajin e mbetur dhe skuqni përzierjen e viçit dhe vezëve për 2 minuta. Hiqeni mishin dhe kulloni vajin. Shtoni pastën e kerit në tigan dhe lëreni të vlojë, më pas kthejeni mishin në tigan, përziejeni mirë dhe shërbejeni.

Curry viçi i zier

Ju mbani 4

45 ml/3 lugë vaj kikiriku (kikiriku).

5 ml/1 lugë çaji kripë

1 thelpi hudhër, e shtypur

450 g/1 lb viçi i pjekur, i prerë në kubikë

4 qepë (qepëza), të prera në feta

1 fetë rrënjë xhenxhefili, e prerë

30 ml/2 lugë gjelle pluhur kerri

15 ml/1 lugë gjelle verë orizi ose sheri të thatë

15 ml/1 lugë sheqer

400 ml/14 ml oz/1 filxhan lëng mishi

15 ml/1 lugë gjelle miell misri (niseshte misri)

45 ml/3 lugë ujë

Ngroheni vajin dhe skuqni kripën dhe hudhrën derisa të marrin ngjyrë kafe. Shtoni biftekun dhe spërkatni me vaj, më pas shtoni qepët dhe xhenxhefilin dhe skuqeni derisa mishi të skuqet nga të gjitha anët. Shtoni pluhurin e karrit dhe skuqeni për 1 minutë. Shtoni verën ose sherin dhe sheqerin, më pas shtoni lëngun, lëreni të vlojë, mbulojeni dhe ziejini për rreth 35 minuta derisa mishi të zbutet. Përzieni miellin e misrit dhe ujin në një pastë, bashkojeni me salcën dhe gatuajeni, duke e trazuar, derisa salca të trashet.

Mish kerri i pjekur

Ju mbani 4

225 g/8oz viçi pa dhjamë
30 ml/2 lugë vaj kikiriku (kikiriku).
1 qepë e madhe, e prerë në feta
30 ml/2 lugë gjelle pluhur kerri
1 fetë rrënjë xhenxhefili, e prerë
15 ml/1 lugë gjelle verë orizi ose sheri të thatë
120 ml/4 fl oz/¬Ω filxhan lëng viçi
5 ml/1 lugë çaji sheqer
15 ml/1 lugë gjelle miell misri (niseshte misri)
45 ml/3 lugë ujë

Pritini mishin në feta hollë kundër kokrrës. Ngrohim vajin dhe kaurdisim qepën derisa të bëhet e tejdukshme. Shtoni karin dhe xhenxhefilin dhe skuqini për disa sekonda. Shtoni mishin e viçit dhe skuqeni derisa të marrë ngjyrë kafe. Shtoni verën ose sherin dhe lëngun, lëreni të ziejë, mbulojeni dhe ziejini për rreth 5 minuta derisa mishi të gatuhet. përzieni sheqerin,

miell misri dhe ujin, bashkojini në tigan dhe gatuajeni, duke e trazuar, derisa salca të trashet.

Mish viçi me hudhër

Ju mbani 4

350 g/12 oz viçi pa dhjamë, i prerë në feta
4 thelpinj hudhre, te prera ne feta
1 piper i kuq, i prere ne feta
45 ml/3 lugë salcë soje
45 ml/3 lugë vaj kikiriku (kikiriku).
5 ml/1 lugë çaji miell misri (niseshte misri)
15 ml/1 lugë gjelle ujë

Përzieni mishin e viçit me hudhrën, djegësin dhe 30 ml/2 lugë salcë soje dhe lëreni të pushojë për 30 minuta, duke e përzier herë pas here. Ngrohni vajin dhe skuqeni përzierjen e mishit të viçit për disa minuta derisa të jetë gati gati. Përziejini përbërësit e mbetur në një pastë, përzieni në tigan dhe vazhdoni të skuqeni derisa viçi të jetë gatuar.

Xhenxhefil viçi

Ju mbani 4

15 ml/1 lugë vaj kikiriku (kikirikë).
450 g/1 lb viçi pa dhjamë, i prerë në feta
1 qepë, e prerë hollë
2 thelpinj hudhre, te grira
2 copa xhenxhefil të kristalizuar, të prera hollë
15 ml/1 lugë gjelle salcë soje
150 ml/¬° për/bujare ¬Ω filxhan ujë
2 kërcell selino të prera diagonalisht
5 ml/1 lugë çaji kripë

Ngroheni vajin dhe skuqni mishin, qepën dhe hudhrën derisa të skuqen lehtë. Shtoni xhenxhefilin, salcën e sojës dhe ujin, lëreni të vlojë, mbulojeni dhe ziejini për 25 minuta. Shtoni selinon, mbulojeni dhe gatuajeni edhe për 5 minuta të tjera. Spërkateni me kripë përpara se ta shërbeni.

Mish viçi i zier i kuq me xhenxhefil

Ju mbani 4

450 g/1 lb viçi pa dhjamë
2 feta rrënjë xhenxhefili, të prera
4 qepë (qepë), të grira
120 ml/4 fl oz/¬Ω filxhan salcë soje
60 ml/4 lugë gjelle verë orizi ose sheri të thatë
400 ml/14 ml oz/1 filxhan ujë
15 ml/1 lugë sheqer kaf

Vendosni të gjithë përbërësit në një tigan të rëndë, lërini të vlojnë, mbulojeni dhe ziejini, duke i kthyer herë pas here, derisa mishi të zbutet, rreth 1 orë.

Mish viçi me bishtaja

Ju mbani 4

225 g/8oz biftek, i prerë në feta hollë
30 ml/2 lugë miell misri (niseshte misri)
15 ml/1 lugë gjelle verë orizi ose sheri të thatë
15 ml/1 lugë gjelle salcë soje
30 ml/2 lugë vaj kikiriku (kikiriku).
2,5 ml/¬Ω lugë çaji kripë
2 thelpinj hudhre, te grira
225 g bishtaja
225g/8oz fidane bambuje, të prera në feta
50 g kërpudha, të prera në feta
50 g gështenja me ujë, të prera në feta
150 ml/¬° pt/ohm filxhan supë pule

Vendosni biftekun në një tas. Përzieni 15 ml/1 lugë niseshte misri, verë ose sheri dhe salcë soje, përzieni në mish dhe marinoni për 30 minuta. Ngroheni vajin me kripë dhe hudhër dhe skuqeni derisa hudhra të skuqet lehtë. Shtoni mishin dhe marinadën dhe skuqini për 4 minuta. Shtoni fasulet dhe skuqini për 2 minuta. Shtoni përbërësit e tjerë, lërini të vlojnë dhe zijini për 4 minuta. Përzieni miellin e mbetur të misrit me një pak ujë dhe e përziejmë në salcë. Gatuani duke e trazuar derisa salca të pastrohet dhe të trashet.

Mish viçi i nxehtë

Ju mbani 4

450 g/1 lb viçi pa dhjamë
6 qepë (qepë), të prera në feta
4 feta rrënjë xhenxhefili
15 ml/1 lugë gjelle verë orizi ose sheri të thatë
15 ml/1 lugë gjelle salcë soje
4 speca djegës të kuq të tharë, të copëtuara
10 kokrra piper
1 karafil anise yll
300 ml/¬Ω për/1¬° gota ujë
2,5 ml/¬Ω lugë çaji vaj piper djegës

Vendoseni mishin në një enë me 2 qepë të freskëta, 1 fetë xhenxhefil dhe gjysmën e verës dhe lëreni të marinohet për 30 minuta. Sillni një tenxhere të madhe me ujë të ziejë, shtoni mishin e viçit dhe gatuajeni derisa të mbyllet

nga të gjitha anët më pas hiqeni dhe kulloni. Vendosni qepën e mbetur, xhenxhefilin dhe verën ose sherin në një tigan me specat djegës, kokrra piper dhe anise dhe shtoni ujin. Lëreni të vlojë, shtoni mishin, mbulojeni dhe ziejini për rreth 40 minuta derisa mishi të zbutet. Hiqeni mishin nga lëngu dhe kullojeni mirë. E presim hollë dhe e vendosim në një pjatë servirjeje të ngrohur. Shërbehet i spërkatur me vaj djegës.

Straccetti të nxehtë viçi

Ju mbani 4

150 ml/¬° për/bujare ¬Ω filxhan vaj kikiriku (kikirikë).
450g/1lb viçi pa dhjamë, i prerë në feta kundër kokrrës
45 ml/3 lugë salcë soje
15 ml/1 lugë gjelle verë orizi ose sheri të thatë
1 fetë rrënjë xhenxhefili, e prerë
1 piper i kuq i tharë, i grirë

2 karota, të prera

2 kërcell selino të prera diagonalisht

10 ml/2 lugë kripë

225 g/8 oz/1 filxhan oriz me kokërr të gjatë

Ngroheni dy të tretat e vajit dhe ziejini mishin, salcën e sojës dhe verën ose sherin për 10 minuta. Hiqni mishin dhe rezervoni salcën. Ngrohni vajin e mbetur dhe kaurdisni xhenxhefilin, piperin dhe karotat për 1 minutë. Shtoni selinon dhe skuqeni për 1 minutë. Shtoni mishin dhe kripën dhe ziejini për 1 minutë.

Ndërkohë gatuajmë orizin në ujë të vluar për rreth 20 minuta derisa të zbutet. Kullojini mirë dhe vendosini në një pjatë për servirje. Hidhni sipër përzierjen e viçit dhe salcën e nxehtë.

Mish viçi me Mangetout

Ju mbani 4

225 g/8oz viçi pa dhjamë
30 ml/2 lugë miell misri (niseshte misri)
5 ml/1 lugë çaji sheqer
5 ml/1 lugë çaji salcë soje
10 ml/2 lugë çaji verë orizi ose sheri të thatë
30 ml/2 lugë vaj kikiriku (kikiriku).
2,5 ml/¬Ω lugë çaji kripë
2 feta rrënjë xhenxhefili, të prera
225 g/8oz bizele bore (bizele)
60 ml/4 lugë lëng mishi
10 ml/2 lugë çaji ujë
piper i sapo bluar

Pritini mishin në feta hollë kundër kokrrës. Përzieni gjysmën e miellit të misrit, sheqerit, salcës së sojës dhe verës ose sherit, shtoni në mish dhe përzieni mirë që të lyhet. Ngrohim gjysmën e vajit dhe kaurdisim kripën dhe xhenxhefilin për disa sekonda. Shtoni bizelet e borës dhe hidhini të lyhen me vaj. Shtoni lëngun, lëreni të vlojë dhe përzieni mirë, më pas hiqni bizelet dhe lëngun nga tigani. Ngrohni vajin e mbetur dhe skuqni viçin derisa të skuqet lehtë. Kthejini bizelet e borës në tigan. përzierje

pjesën e mbetur të miellit të misrit me ujin e përzieni në tigan dhe e rregulloni me piper. Zieni duke e trazuar derisa salca të trashet.

Mish viçi i marinuar

Ju mbani 4

450 g/1 lb viçi i pjekur
75 ml/5 lugë salcë soje
60 ml/4 lugë gjelle verë orizi ose sheri të thatë
5 ml/1 lugë çaji kripë
15 ml/1 lugë gjelle miell misri (niseshte misri)
45 ml/3 lugë vaj kikiriku (kikiriku).
15 ml/1 lugë sheqer kaf
15 ml/1 lugë gjelle uthull vere

Pritini biftekin në disa vende dhe vendoseni në një tas. Përziejmë salcën e sojës, verën ose sherin dhe kripën, e hedhim sipër mishit dhe e lëmë të pushojë për 3 orë duke e kthyer herë pas here.

Kullojeni mishin dhe hidhni marinadën. Thajeni mishin dhe pudrosni me miell misri. Ngroheni vajin dhe skuqeni mishin derisa të skuqet nga të gjitha anët. Shtoni sheqerin dhe uthullën e verës dhe ujë aq sa të mbulojë mishin. Lëreni të vlojë, mbulojeni dhe ziejini për rreth 1 orë derisa mishi të zbutet.

Mish viçi dhe kërpudha të skuqura

Ju mbani 4

225 g/8oz viçi pa dhjamë
15 ml/1 lugë gjelle miell misri (niseshte misri)
15 ml/1 lugë gjelle verë orizi ose sheri të thatë
15 ml/1 lugë gjelle salcë soje
2,5 ml/¬Ω lugë çaji sheqer
45 ml/3 lugë vaj kikiriku (kikiriku).
1 fetë rrënjë xhenxhefili, e prerë
2,5 ml/¬Ω lugë çaji kripë
225 g kërpudha të prera në feta
120 ml/4 fl oz/¬Ω filxhan lëng viçi

Pritini mishin në feta hollë kundër kokrrës. Përziejmë miellin e misrit, verën ose sherin, salcën e sojës dhe sheqerin, i përziejmë në mish dhe i hedhim mirë të lyhet. Ngrohni vajin dhe skuqni xhenxhefilin për 1 minutë. Shtoni mishin e viçit dhe skuqeni derisa të marrë ngjyrë kafe. Shtoni kripë dhe kërpudha dhe përziejini mirë. Shtoni lëngun, lëreni të ziejë dhe gatuajeni duke e trazuar derisa salca të trashet.

Mish viçi i marinuar

Ju mbani 4

450 g/1 lb viçi pa dhjamë, i prerë në feta
2 thelpinj hudhre, te grira
60 ml/4 lugë salcë soje
15 ml/1 lugë sheqer kaf
5 ml/1 lugë çaji kripë
30 ml/2 lugë vaj kikiriku (kikiriku).

Vendoseni mishin në një enë dhe shtoni hudhrën, salcën e sojës, sheqerin dhe kripën. Përziejini mirë, mbulojeni dhe lërini të marinohen për rreth 2 orë duke i kthyer herë pas here. Kullojeni duke e hedhur marinadën. Ngrohni vajin dhe skuqni mishin derisa të skuqet nga të gjitha anët, më pas shërbejeni menjëherë.

Mish viçi i pjekur me kërpudha

Ju mbani 4

1 kg mish viçi
kripë dhe piper i sapo bluar
60 ml/4 lugë salcë soje
30 ml/2 lugë salcë hoisin
30 ml/2 lugë mjaltë
30 ml/2 lugë gjelle uthull vere
5 ml/1 lugë çaji piper i sapo bluar
5 ml/1 lugë çaji anise, i bluar
5 ml/1 lugë çaji koriandër të bluar
6 kërpudha të thata kineze
60 ml/4 lugë vaj kikiriku (kikirikë).
5 ml/2 lugë miell misri (niseshte misri)
15 ml/1 lugë gjelle ujë
400 g/14oz domate të konservuara
6 qepë (qepë), të prera në rripa
2 karota, të grira
30 ml/2 lugë salcë kumbulle
60 ml/4 lugë qiqra të grira

Shkeleni mishin disa herë me një pirun. I rregullojmë me kripë dhe piper dhe i vendosim në një tas. Përzieni salcat, mjaltin, uthullën e verës, piperin dhe erëzat, derdhni sipër mishit, mbulojeni dhe lëreni të marinohet në frigorifer gjatë gjithë natës.

Thithni kërpudhat në ujë të ngrohtë për 30 minuta dhe më pas kullojini. Hidhni kërcellet dhe prisni kapakët. Ngrohni vajin dhe skuqeni mishin derisa të marrë ngjyrë kafe, duke e kthyer shpesh. Përzieni miellin e misrit dhe ujin dhe shtoni në tiganin me domatet. Lëreni të vlojë, mbulojeni dhe ziejini për rreth 1 Ω orë derisa të zbuten. Shtoni qepët dhe karotat dhe vazhdoni të gatuani për 10 minuta derisa karotat të zbuten. Përzieni salcën e kumbullës dhe ziejini për 2 minuta. Hiqeni mishin nga salca dhe priteni në feta të trasha. Kthejeni në salcë që të ngrohet dhe më pas shërbejeni të spërkatur me qiqra.

Mish viçi i skuqur me petë

Ju mbani 4

100 g/4oz petë të holla me vezë
30 ml/2 lugë vaj kikiriku (kikiriku).
225 g/8oz viçi pa dhjamë, i grirë
30 ml/2 lugë salcë soje
15 ml/1 lugë gjelle verë orizi ose sheri të thatë
2,5 ml/¬Ω lugë çaji kripë
2,5 ml/¬Ω lugë çaji sheqer
120 ml/4 fl oz/¬Ω filxhan ujë

Thithni petët derisa të zbuten pak, më pas kullojini dhe pritini në gjatësi 7,5 cm. Ngrohim gjysmën e vajit dhe skuqim mishin derisa të marrë ngjyrë kafe. Shtoni salcën e sojës, verën ose sherin, kripën dhe sheqerin dhe i kaurdisni për 2 minuta, më pas i hiqni nga tigani. Ngrohni vajin e mbetur dhe ziejini petët derisa të lyhen me vaj. Kthejeni përzierjen e viçit në tigan, shtoni ujin dhe lëreni të vlojë. Gatuani dhe ziejini për rreth 5 minuta derisa lëngu të përthithet.

Mish viçi me petë orizi

Ju mbani 4

4 kërpudha të thata kineze

30 ml/2 lugë vaj kikiriku (kikiriku).

2,5 ml/¬Ω lugë çaji kripë

225 g/8oz viçi pa dhjamë, i prerë në feta

100 g kërcell bambuje, të prera në feta

100 g/4oz selino, e prerë në feta

1 qepë, e prerë në feta

120 ml/4 fl oz/¬Ω filxhan lëng viçi

2,5 ml/¬Ω lugë çaji sheqer

10 ml/2 lugë miell misri (niseshte misri)

5 ml/1 lugë çaji salcë soje

15 ml/1 lugë gjelle ujë

100g/4oz petë orizi

vajin e skuqur

Thithni kërpudhat në ujë të ngrohtë për 30 minuta dhe më pas kullojini. Hidhni kërcellet dhe prisni kapakët. Ngroheni gjysmën e vajit dhe skuqni kripën dhe mishin derisa të marrin një ngjyrë kafe të lehtë, më pas hiqeni nga tigani. Ngrohni vajin e mbetur dhe kaurdisni perimet derisa të zbuten. Hidhni lëngun dhe sheqerin dhe lërini të ziejnë. Kthejeni mishin në tigan, mbulojeni dhe gatuajeni për 3 minuta. Përzieni miellin e misrit, salcën e sojës dhe ujin, shtoni në tigan dhe gatuajeni, duke e trazuar, derisa masa të trashet. Ndërkohë skuqni petët e orizit në vaj të nxehtë për disa sekonda derisa të fryhen dhe bëhen krokante dhe i servirni sipër mishit.

Mish viçi me qepë

Ju mbani 4

60 ml/4 lugë vaj kikiriku (kikirikë).
300 g mish viçi pa dhjamë, i prerë në rripa
100 g qepë, të prerë në rripa
15 ml/1 lugë lëng pule
5 ml/1 lugë çaji verë orizi ose sheri të thatë
5 ml/1 lugë çaji sheqer
5 ml/1 lugë çaji salcë soje
kripë
vaj susami

Ngroheni vajin dhe skuqni mishin dhe qepën në zjarr të fortë derisa të marrin një ngjyrë kafe të lehtë. Hidhni lëngun, verën ose sherin, sheqerin dhe salcën e sojës dhe skuqini shpejt derisa të përzihen mirë. Sezoni sipas shijes me kripë dhe vaj susami përpara se ta shërbeni.

Mish viçi dhe bizele

Ju mbani 4

30 ml/2 lugë vaj kikiriku (kikiriku).
450 g/1 lb viçi pa dhjamë, i prerë në kubikë
2 qepë, të prera në feta
2 shkopinj selino, të prera në feta
100 g bizele të freskëta ose të ngrira, të shkrira
250 ml/8 ml oz/1 filxhan lëng pule
15 ml/1 lugë gjelle salcë soje
15 ml/1 lugë gjelle miell misri (niseshte misri)

Ngroheni vajin dhe skuqeni mishin derisa të skuqet lehtë. Shtoni qepën, selinon dhe bizelet dhe ziejini për 2 minuta. Shtoni lëngun dhe salcën e sojës, lëreni të vlojë, mbulojeni dhe ziejini për 10 minuta. Përziejmë niseshtenë e misrit me pak ujë dhe e shtojmë në salcë. Gatuani duke e trazuar derisa salca të pastrohet dhe të trashet.

Kërcim viçi me qepë të skuqur

Ju mbani 4

225 g/8oz viçi pa dhjamë
2 qepë (qepë), të grira
30 ml/2 lugë salcë soje
30 ml/2 lugë gjelle verë orizi ose sheri të thatë
30 ml/2 lugë vaj kikiriku (kikiriku).
1 thelpi hudhër, e shtypur
5 ml/1 lugë çaji uthull vere
disa pika vaj susami

Pritini viçin në feta të holla kundër kokrrës. Përzieni qepët e pranverës, salcën e sojës dhe verën ose sherin, bashkoni me mishin dhe lëreni të pushojë për 30 minuta. Kullojeni duke e hedhur marinadën. Ngroheni vajin dhe skuqni hudhrën derisa të skuqet lehtë. Shtoni mishin e viçit dhe skuqeni derisa të marrë ngjyrë kafe. Shtoni uthullën dhe vajin e susamit, mbulojeni dhe ziejini për 2 minuta.

Mish viçi me lëvozhgë të tharë portokalli

Ju mbani 4

450 g/1 lb viçi pa dhjamë, i prerë në feta hollë
5 ml/1 lugë çaji kripë
vajin e skuqur
30 ml/2 lugë vaj kikiriku (kikiriku).
100 gr lëvozhgë portokalli të tharë
2 speca djegës të tharë, të grira hollë
5 ml/1 lugë çaji piper i sapo bluar
45 ml/3 lugë lëng mishi
2,5 ml/¬Ω lugë çaji sheqer
15 ml/1 lugë gjelle verë orizi ose sheri të thatë
5 ml/1 lugë çaji uthull vere
2,5 ml/¬Ω lugë çaji vaj susami

Spërkateni mishin me kripë dhe lëreni të qëndrojë për 30 minuta. Ngrohni vajin dhe skuqni mishin derisa të gatuhet gjysmë. E heqim dhe e kullojmë mirë. Ngrohim vajin dhe kaurdisim lëvozhgën e portokallit, specin djegës dhe piperin për 1 minutë. Shtoni mishin dhe lëngun dhe lëreni të ziejë. Shtoni sheqerin dhe uthullën e verës dhe ziejini derisa të mbetet shumë lëngu. Hidhni uthullën e verës dhe vajin e susamit dhe përzieni mirë. Shërbehet në një shtrat me gjethe marule.

Mish viçi me salcë goca deti

Ju mbani 4

15 ml/1 lugë vaj kikiriku (kikirikë).
2 thelpinj hudhre, te grira
1 paund/450 gr biftek i prerë, i prerë në feta
100 g kërpudha
15 ml/1 lugë gjelle verë orizi ose sheri të thatë
150 ml/¬° pt/ohm filxhan supë pule
30 ml/2 lugë salcë perle
5 ml/1 lugë çaji sheqer kaf
kripë dhe piper i sapo bluar
4 qepë (qepëza), të prera në feta
15 ml/1 lugë gjelle miell misri (niseshte misri)

Ngroheni vajin dhe skuqni hudhrën derisa të skuqet lehtë. Shtoni biftekun dhe kërpudhat dhe skuqini derisa të marrin një ngjyrë kafe të lehtë. Shtoni verën ose sherin dhe ziejini për 2 minuta. Shtoni lëngun e mishit, salcën e gocave dhe sheqerin dhe i rregulloni me kripë dhe piper. Lëreni të ziejë dhe gatuajeni, duke e përzier herë pas here, për 4 minuta. Shtoni qepët e pranverës.

Përziejmë niseshtën e misrit me pak ujë dhe e përziejmë në tigan. Gatuani duke e trazuar derisa salca të pastrohet dhe të trashet.

Mish viçi me speca

Ju mbani 4

350g/12oz viçi pa dhjamë, i prerë në rripa
75 ml/5 lugë salcë soje
75 ml/5 lugë vaj kikiriku (kikirikë).
5 ml/1 lugë çaji miell misri (niseshte misri)
75 ml/5 lugë gjelle ujë
2 qepë, të prera në feta
5 ml/1 lugë çaji salcë goca deti
piper i sapo bluar
kosha petë

Marinojeni viçin në salcë soje, 15 ml/1 lugë vaj, niseshte misri dhe ujë për 1 orë. Hiqeni mishin nga marinada dhe kullojeni mirë. Ngrohni vajin e mbetur dhe kaurdisni mishin dhe qepën derisa të skuqen lehtë. Shtoni marinadën dhe salcën e gocave dhe rregullojini me bollëk piper. Lëreni të vlojë, mbulojeni dhe ziejini për 5 minuta, duke e përzier herë pas here. Shërbejeni me kosha me petë.

Biftek me piper

Ju mbani 4

45 ml/3 lugë vaj kikiriku (kikiriku).
5 ml/1 lugë çaji kripë
2 thelpinj hudhre, te grira
1 lb/450 gr biftek fileto sirfi, i prerë në feta hollë
1 qepë, e prerë në feta
2 speca jeshilë të grirë trashë
120 ml/4 fl oz/¬Ω filxhan lëng viçi
5 ml/1 lugë çaji sheqer kaf
5 ml/1 lugë çaji verë orizi ose sheri të thatë
kripë dhe piper i sapo bluar
30 ml/2 lugë miell misri (niseshte misri)
30 ml/2 lugë salcë soje

Ngroheni vajin me kripë dhe hudhër derisa hudhra të skuqet lehtë, më pas shtoni biftekun dhe skuqeni derisa të skuqet nga të gjitha anët. Shtoni qepën dhe specat dhe skuqini për 2 minuta. Shtoni lëngun, sheqerin, verën ose sherin dhe i rregulloni me kripë dhe piper. Lëreni të vlojë, mbulojeni dhe ziejini për 5 minuta. Përzieni miellin e misrit dhe salcën e sojës dhe përzieni në salcë. Ziejini duke e trazuar derisa salca të pastrohet dhe të trashet, duke shtuar pak ujë sipas nevojës për ta bërë salcën konsistencën që preferoni.

Mish viçi me speca

Ju mbani 4

350 g/12 oz viçi pa dhjamë, i prerë në feta hollë
3 speca djegës të kuq, të prera dhe të grira
3 qepë (qepë), të prera në copa të vogla
2 thelpinj hudhre, te grira
15 ml/1 lugë gjelle salcë fasule të zezë
1 karotë, e prerë në feta
3 speca jeshil të prerë në copa
kripë
15 ml/1 lugë vaj kikiriku (kikirikë).
5 ml/1 lugë çaji salcë soje
45 ml/3 lugë ujë
5 ml/1 lugë çaji verë orizi ose sheri të thatë
5 ml/1 lugë çaji miell misri (niseshte misri)

Marinojeni mishin e viçit në djegës, qepën, hudhrën, salcën e fasules së zezë dhe karotën për 1 orë. Ziejini specat në ujë të vluar me kripë për 3 minuta dhe më pas kullojini mirë. Ngrohni vajin dhe skuqni përzierjen e mishit për 2 minuta. Shtoni specat dhe skuqini për 3 minuta. Shtoni salcën e sojës, ujin dhe verën ose sherin. Përziejmë niseshtenë e misrit me pak ujë, e hedhim në tigan dhe e kaurdisim derisa të trashet salca.

Shirita rosto viçi me speca jeshil

Ju mbani 4

225 g/8oz viçi pa dhjamë, i grirë
1 e bardhe veze
15 ml/1 lugë gjelle miell misri (niseshte misri)
2,5 ml/¬Ω lugë çaji kripë
5 ml/1 lugë çaji verë orizi ose sheri të thatë
2,5 ml/¬Ω lugë çaji sheqer
vajin e skuqur
30 ml/2 lugë vaj kikiriku (kikiriku).
2 speca djegës të kuq, të prera në kubikë
2 feta rrënjë xhenxhefili, të prera
15 ml/1 lugë gjelle salcë soje
2 speca jeshilë të mëdhenj, të prerë në kubikë

Vendoseni mishin në një enë me të bardhën e vezës, niseshte misri, kripë, verë ose sheri dhe sheqer dhe lëreni të marinohet për 30 minuta. Ngroheni vajin dhe skuqeni mishin derisa të skuqet lehtë. Hiqeni nga tigani dhe kullojini mirë. Ngrohni vajin dhe skuqni specat dhe xhenxhefilin për disa sekonda. Shtoni mishin e viçit dhe salcën e sojës dhe skuqeni derisa të zbuten. Shtoni specat e gjelbër, përziejini mirë dhe skuqini për 2 minuta. Shërbejeni menjëherë.

Mish viçi me turshi kineze

Ju mbani 4

100 g turshi kineze, të grira
450g/1lb biftek pa dhjamë, i prerë në feta kundër kokrrës
30 ml/2 lugë salcë soje
5 ml/1 lugë çaji kripë
2,5 ml/¬Ω lugë çaji piper i sapo bluar
60 ml/4 lugë vaj kikiriku (kikirikë).
15 ml/1 lugë gjelle miell misri (niseshte misri)

Përziejini mirë të gjithë përbërësit dhe vendosini në një tas kundër furrës. Vendoseni enën në një raft në furrë me avull, mbulojeni dhe ziejini mbi ujë të vluar për 40 minuta derisa mishi të piqet.

Biftek me patate

Ju mbani 4

450 g/1 paund biftek

60 ml/4 lugë vaj kikiriku (kikirikë).

5 ml/1 lugë çaji kripë

2,5 ml/¬Ω lugë çaji piper i sapo bluar

1 qepë, e grirë

1 thelpi hudhër, e shtypur

225 g/8oz patate, të prera në kubikë

175 ml/6 fl oz/¬œ filxhan lëng mishi

250 ml/8 ml oz/1 filxhan gjethe selino të copëtuara

30 ml/2 lugë miell misri (niseshte misri)

15 ml/1 lugë gjelle salcë soje

60 ml/4 lugë gjelle ujë

Pritini biftekin në shirita dhe më pas në copa të holla kundër kokrrës. Ngroheni vajin dhe skuqni biftekun, kripën, piperin, qepën dhe hudhrën derisa të marrin ngjyrë kafe. Shtoni patatet dhe lëngun, lërini të vlojnë, mbulojeni dhe ziejini për 10 minuta. Shtoni gjethet e selinos dhe ziejini për rreth 4 minuta derisa të zbuten. Përzieni miellin e misrit, salcën e sojës dhe ujin në një pastë, shtoni në tigan dhe gatuajeni, duke e trazuar, derisa salca të pastrohet dhe të trashet.

Mish viçi i gatuar i kuq

Ju mbani 4

450 g/1 lb viçi pa dhjamë
120 ml/4 fl oz/¬Ω filxhan salcë soje
60 ml/4 lugë gjelle verë orizi ose sheri të thatë
15 ml/1 lugë sheqer kaf
375 ml/13 fl oz/1¬Ω gota uji

Vendosni mishin e viçit, salcën e sojës, verën ose sherin dhe sheqerin në një tigan me fund të rëndë dhe lërini të ziejnë. Mbulojeni dhe gatuajeni për 10 minuta, duke e kthyer një ose dy herë. Përzieni ujin dhe lëreni të vlojë. Mbulojeni dhe ziejini për rreth 1 orë derisa mishi të zbutet, duke shtuar pak ujë të vluar sipas nevojës gjatë zierjes nëse mishi thahet shumë. Shërbejeni të nxehtë ose të ftohtë.

Viçi i shijshëm

Ju mbani 4

30 ml/2 lugë vaj kikiriku (kikiriku).
450 g/1 lb viçi pa dhjamë, i prerë në kubikë
2 qepë (qepë), të prera në feta
2 thelpinj hudhre, te grira
1 fetë rrënjë xhenxhefili, e prerë
2 karafil anise yje, të grimcuar
250 ml/8 ml oz/1 filxhan salcë soje
30 ml/2 lugë gjelle verë orizi ose sheri të thatë
30 ml/2 lugë sheqer kaf
5 ml/1 lugë çaji kripë
Kupa uji 600 ml/1 pt/2¬Ω

Ngroheni vajin dhe skuqeni mishin derisa të skuqet lehtë. Kulloni vajin e tepërt dhe shtoni qepën, hudhrën, xhenxhefilin dhe anise dhe kaurdisni për 2 minuta. Shtoni salcën e sojës, verën ose sherin, sheqerin dhe kripën dhe përziejini mirë. Shtoni ujin, lëreni të vlojë, mbulojeni dhe ziejini për 1 orë. Hiqeni kapakun dhe ziejini derisa salca të pakësohet.

Mish viçi i bluar

Ju mbani 4

750 g/1¬Ω lb mish viçi pa dhjamë, i prerë në kubikë
250 ml/8 ml oz/1 filxhan lëng viçi
120 ml/4 fl oz/¬Ω filxhan salcë soje
60 ml/4 lugë gjelle verë orizi ose sheri të thatë
45 ml/3 lugë vaj kikiriku (kikiriku).

Vendoseni viçin, lëngun, salcën e sojës dhe verën ose sherin në një tigan me fund të rëndë. Lëreni të vlojë dhe gatuajeni, duke e trazuar, derisa lëngu të avullojë. Lëreni të ftohet më pas vendoseni në frigorifer. Pritini mishin me dy pirunë. Ngrohni vajin, më pas shtoni mishin dhe skuqeni shpejt derisa të lyhet me vaj. Vazhdoni të gatuani në zjarr mesatar derisa mishi të thahet plotësisht. Lëreni të ftohet dhe shërbejeni me petë ose oriz.

Mish viçi i bluar në stilin familjar

Ju mbani 4

225 g/8oz viçi i grirë
15 ml/1 lugë gjelle salcë soje
15 ml/1 lugë gjelle salcë deti
45 ml/3 lugë vaj kikiriku (kikiriku).
1 fetë rrënjë xhenxhefili, e prerë
1 piper i kuq, i grire
4 kërcell selino të prera diagonalisht
15 ml/1 lugë gjelle salcë fasule të nxehtë
5 ml/1 lugë çaji kripë
15 ml/1 lugë gjelle verë orizi ose sheri të thatë
5 ml/1 lugë çaji vaj susami
5 ml/1 lugë çaji uthull vere
piper i sapo bluar

Vendoseni mishin në një tas me salcën e sojës dhe salcën e gocave dhe lëreni të marinohet për 30 minuta. Ngrohni vajin dhe skuqeni mishin derisa të skuqet lehtë dhe më pas e hiqni nga tigani. Shtoni xhenxhefilin dhe specin djegës dhe skuqini për disa sekonda. Shtoni selinon dhe skuqeni derisa të gatuhet gjysmë. Shtoni mishin e viçit, salcën e fasules së nxehtë dhe kripën dhe përziejini mirë. Shtoni verën ose sherin, vajin e susamit dhe uthullën dhe skuqeni derisa mishi të zbutet dhe përbërësit të jenë përzier mirë. Shërbehet i spërkatur me piper.

Mish viçi me erëza

Ju mbani 4

90 ml/6 lugë vaj kikiriku (kikirikë).
450 g mish viçi pa dhjamë, i prerë në rripa
50 g/2oz Pastë me fasule djegëse
piper i sapo bluar
15 ml/1 lugë gjelle rrënjë xhenxhefili të bluar
30 ml/2 lugë gjelle verë orizi ose sheri të thatë
225 g/8oz selino, të prerë në kubikë
30 ml/2 lugë salcë soje
5 ml/1 lugë çaji sheqer
5 ml/1 lugë çaji uthull vere

Ngroheni vajin dhe skuqeni mishin derisa të marrë ngjyrë kafe. Shtoni pastën e fasules djegëse dhe specat dhe skuqini për 3 minuta. Shtoni xhenxhefilin, verën ose sherin dhe selinon dhe përziejini mirë. Shtoni salcën e sojës, sheqerin dhe uthullën dhe skuqini për 2 minuta.

Mish viçi i marinuar me spinaq

Ju mbani 4

450 g/1 lb viçi pa dhjamë, i prerë në feta hollë
45 ml/3 lugë gjelle verë orizi ose sheri të thatë
15 ml/1 lugë gjelle salcë soje
5 ml/1 lugë çaji sheqer
2,5 ml/¬Ω lugë çaji vaj susami
450 g/1 lb spinaq
45 ml/3 lugë vaj kikiriku (kikiriku).
2 feta rrënjë xhenxhefili, të prera
30 ml/2 lugë gjelle lëng viçi
5 ml/1 lugë çaji miell misri (niseshte misri)

Rrafshoni pak mishin duke e shtypur me gishta. Përzieni verën ose sherin, salcën e sojës, sherin dhe vajin e susamit. Shtoni mishin, mbulojeni dhe vendoseni në frigorifer për 2 orë, duke e përzier herë pas here. Pritini gjethet e spinaqit në copa të mëdha dhe bishtat në feta të trasha. Ngrohni 30 ml/2 lugë vaj dhe kaurdisni bishtat e spinaqit dhe xhenxhefilit për 2 minuta. Hiqeni nga tigani.

Ngrohni vajin e mbetur. Kulloni mishin e viçit, duke rezervuar marinadën. Shtoni gjysmën e mishit në tigan, duke i ndarë fetat në mënyrë që të mos mbivendosen. Gatuani për rreth 3 minuta derisa të marrin një ngjyrë kafe të lehtë nga të dyja anët. Hiqeni nga tigani dhe skuqni pjesën e mbetur të viçit, më pas hiqeni nga tigani. Kombinoni lëngun e mishit dhe niseshtën e misrit me marinadën. Shtoni përzierjen në tigan dhe lëreni të vlojë. Shtoni gjethet e spinaqit, kërcellet dhe xhenxhefilin. Gatuani për rreth 3 minuta derisa spinaqi të shuhet dhe më pas shtoni mishin. Gatuani për një minutë tjetër, më pas shërbejeni menjëherë.

Mish fasule e zezë me qepë të pranverës

Ju mbani 4

225 g/8oz viçi pa dhjamë, i prerë në feta hollë
1 vezë e rrahur lehtë
5 ml/1 lugë çaji salcë soje e lehtë
2,5 ml/¬Ω lugë çaji verë oriz ose sheri të thatë
2,5 ml/¬Ω lugë çaji miell misri (miseshte misri)
250 ml/8 ml oz/1 filxhan vaj kikiriku (kikirikë).
2 thelpinj hudhre, te grira
30 ml/2 lugë gjelle salcë fasule të zezë
15 ml/1 lugë gjelle ujë
6 qepë (qepë), të prera diagonalisht
2 feta rrënjë xhenxhefili, të prera

Përzieni mishin me vezën, salcën e sojës, verën ose sherin dhe niseshtenë e misrit. Lëreni të pushojë për 10 minuta. Ngroheni vajin dhe skuqeni mishin derisa të jetë gati gati. Hiqeni nga tigani dhe kullojini mirë. Hidhni të gjithë, përveç 15 ml/1 lugë gjelle vaj, ngrohni më pas kaurdisni hudhrën dhe salcën e fasules së zezë për 30 sekonda. Shtoni mishin dhe ujin dhe skuqeni për rreth 4 minuta derisa mishi të zbutet.

Ndërkohë ngrohni edhe 15 ml/1 lugë gjelle vaj dhe kaurdisni për pak kohë qepët dhe xhenxhefilin. Hidheni mishin në një pjatë të nxehur, zbukurojeni me qepë dhe shërbejeni.

Mish i pjekur me qepë të pranverës

Ju mbani 4

45 ml/3 lugë vaj kikiriku (kikiriku).
225 g/8oz viçi pa dhjamë, i prerë në feta hollë
8 qepë (qepë), të prera në feta
75 ml/5 lugë salcë soje
15 ml/1 lugë gjelle verë orizi ose sheri të thatë
30 ml/2 lugë vaj susami

Ngroheni vajin dhe kaurdisni mishin dhe qepën derisa të skuqen lehtë. Shtoni salcën e sojës dhe verën ose sherin dhe skuqeni derisa mishi të jetë gatuar sipas dëshirës tuaj. Përzieni vajin e susamit përpara se ta shërbeni.

Mish viçi dhe qepë me salcë peshku

Ju mbani 4

350 g/12 oz viçi pa dhjamë, i prerë në feta hollë
15 ml/1 lugë gjelle miell misri (niseshte misri)
15 ml/1 lugë gjelle ujë
2,5 ml/¬Ω lugë çaji verë oriz ose sheri të thatë
një majë bikarbonat natriumi (bikarbonat natriumi)
majë kripë
45 ml/3 lugë vaj kikiriku (kikiriku).
6 qepë (qepë), të prera në 5 cm/2 copë
2 thelpinj hudhre, te grira
2 feta xhenxhefil, të prera
5 ml/1 lugë gjelle salcë peshku
2.5 ml/¬Ω lugë çaji salcë goca deti

Marinojeni mishin në niseshte misri, ujë, verë ose sheri, sodë buke dhe kripë për 1 orë. Ngroheni 30 ml/ 2 lugë vaj dhe skuqeni mishin me gjysmë qepë, gjysmë hudhër dhe xhenxhefil derisa të skuqet mirë. Ndërkohë ngrohni vajin e mbetur dhe skuqni qepët e mbetura, hudhrën dhe xhenxhefilin me salcën e peshkut dhe salcën e gocave deri sa të zbuten. Përziejini të dyja dhe ngrohini para se t'i shërbeni.

Mish viçi në avull

Ju mbani 4

450 g/1 lb viçi pa dhjamë, i prerë në feta
5 ml/1 lugë çaji miell misri (niseshte misri)
2 feta rrënjë xhenxhefili, të prera
15 ml/1 lugë gjelle salcë soje
15 ml/1 lugë gjelle verë orizi ose sheri të thatë
2,5 ml/¬Ω lugë çaji kripë
2,5 ml/¬Ω lugë çaji sheqer
15 ml/1 lugë vaj kikiriku (kikirikë).
2 qepë (qepë), të grira
15 ml/1 lugë gjelle majdanoz me gjethe të copëtuara

Vendoseni mishin në një tas. Përzieni miellin e misrit, xhenxhefilin, salcën e sojës, verën ose sherin, kripën dhe sheqerin dhe përzieni në mish. Lëreni të qëndrojë për 30 minuta duke e përzier herë pas here. Vendosini fetat e viçit në një enë pjekjeje të cekët dhe lyejini me vajin dhe qepët e freskëta. Gatuani në një skarë mbi ujë të vluar për rreth 40 minuta derisa mishi të jetë gatuar. Shërbehet i spërkatur me majdanoz.

Çomlek viçi

Ju mbani 4

15 ml/1 lugë vaj kikiriku (kikirikë).
1 thelpi hudhër, e shtypur
1 fetë rrënjë xhenxhefili, e prerë
450 g/1 lb biftek i zier, i prerë në kubikë
45 ml/3 lugë salcë soje
30 ml/2 lugë gjelle verë orizi ose sheri të thatë
15 ml/1 lugë sheqer kaf
300 ml/¬Ω për/1 ° filxhan supë pule
2 qepë, të prera në feta
2 karota, të prera në feta të trasha
100 g lakër, të copëtuar

Ngroheni vajin me hudhrën dhe xhenxhefilin dhe skuqeni derisa hudhra të skuqet lehtë. Shtoni biftekun dhe skuqeni për 5 minuta derisa të marrë ngjyrë kafe. Shtoni salcën e sojës, verën ose sherin dhe sheqerin, mbulojeni dhe ziejini për 10 minuta. Shtoni lëngun, lëreni të vlojë, mbulojeni dhe ziejini për rreth 30 minuta. Shtoni qepën, karotat dhe lakrën, mbulojeni dhe ziejini për 15 minuta të tjera.

Grykë të zier

Ju mbani 4

450 g/1 paund gjoks viçi

45 ml/3 lugë vaj kikiriku (kikiriku).

3 qepë (qepë), të prera në feta

2 feta rrënjë xhenxhefili, të prera

1 thelpi hudhër, e shtypur

120 ml/4 fl oz/¬Ω filxhan salcë soje

5 ml/1 lugë çaji sheqer

45 ml/3 lugë gjelle verë orizi ose sheri të thatë

3 feta anise yll

4 karota, të prera në kubikë

225 g/8oz bok choy

15 ml/1 lugë gjelle miell misri (niseshte misri)

45 ml/3 lugë ujë

Vendoseni mishin në një tigan dhe thjesht mbulojeni me ujë. Lëreni të vlojë, mbulojeni dhe ziejini për rreth 1 Ω orë derisa mishi të zbutet. Hiqeni nga tigani dhe kullojini mirë. Pritini në kube 1 inç/1 cm dhe rezervoni 250 ml/8 floz/1 filxhan lëng.

Ngrohni vajin dhe skuqni qepët, xhenxhefilin dhe hudhrën për disa sekonda. Shtoni salcën e sojës, sheqerin, verën ose sherin dhe aniseun dhe përziejini mirë. Shtoni mishin e viçit dhe lëngun e rezervuar. Lëreni të vlojë, mbulojeni dhe ziejini për 20 minuta. Ndërkohë, gatuajeni bok choy në ujë të vluar derisa të zbutet. Transferoni mishin dhe perimet në një pjatë servirjeje të ngrohur. Përzieni miellin e misrit dhe ujin në një pastë, bashkojeni me salcën dhe gatuajeni, duke e trazuar, derisa salca të pastrohet dhe të trashet. Hidhni sipër viçin dhe shërbejeni me bok choy.

Mish i pjekur

Ju mbani 4

225 g/8oz viçi pa dhjamë
45 ml/3 lugë vaj kikiriku (kikiriku).
1 fetë rrënjë xhenxhefili, e prerë
2 thelpinj hudhre, te grira
2 qepë (qepë), të grira
50 g kërpudha, të prera në feta
1 piper i kuq, i prere ne feta

225 g lulelakër lulesh

50 g/2oz bizele bore (bizele)

30 ml/2 lugë salcë soje

15 ml/1 lugë gjelle miell misri (niseshte misri)

15 ml/1 lugë gjelle verë orizi ose sheri të thatë

120 ml/4 fl oz/¬Ω filxhan lëng viçi

Pritini mishin në feta hollë kundër kokrrës. Ngrohni gjysmën e vajit dhe kaurdisni xhenxhefilin, hudhrën dhe qepën deri sa të skuqen lehtë. Shtoni mishin e viçit dhe skuqeni derisa të marrë ngjyrë kafe, më pas hiqeni nga tigani. Ngrohni vajin e mbetur dhe kaurdisni perimet derisa të lyhen me vaj. Përzieni lëngun, lëreni të vlojë, mbulojeni dhe gatuajeni derisa perimet të jenë të buta, por ende krokante. Përzieni salcën e sojës, miellin e misrit dhe verën ose sherin dhe përzieni në tigan. Zieni duke e trazuar derisa salca të trashet.

Shirita bifteku

Ju mbani 4

450g/1lb biftek
120 ml/4 fl oz/¬Ω filxhan salcë soje
120 ml/4 fl oz/¬Ω filxhan lëng pule
1 cm/¬Ω për fetë rrënjë xhenxhefili
2 thelpinj hudhre, te grira
30 ml/2 lugë gjelle verë orizi ose sheri të thatë
15 ml/1 lugë sheqer kaf
15 ml/1 lugë vaj kikiriku (kikirikë).

Fërkojeni biftekin në frigorifer, më pas priteni në feta të gjata e të holla. Përziejini të gjithë përbërësit e tjerë dhe marinoni biftekin në përzierje për rreth 6 orë. Vendoseni biftekin në hell druri të njomur dhe piqeni në skarë për disa minuta derisa të gatuhet sipas dëshirës tuaj, duke e lyer herë pas here me marinadë.

Mish viçi në avull me patate të ëmbla

Ju mbani 4

450 g/1 lb viçi pa dhjamë, i prerë në feta hollë
15 ml/1 lugë gjelle salcë fasule të zezë
15 ml/1 lugë gjelle salcë fasule të ëmbël
15 ml/1 lugë gjelle salcë soje
5 ml/1 lugë çaji sheqer
2 feta rrënjë xhenxhefili, të prera
2 patate të ëmbla, të prera në kubikë
30 ml/2 lugë vaj kikiriku (kikiriku).
100 g/4oz bukë thërrime
15 ml/1 lugë gjelle vaj susami
3 qepë (qepë), të grira hollë

Vendoseni mishin në një enë me salcat e fasules, salcën e sojës, sheqerin dhe xhenxhefilin dhe lëreni të marinohet për 30 minuta. Hiqeni mishin nga marinada dhe shtoni patatet e ëmbla. Lëreni të pushojë për 20 minuta. Rregulloni patatet në bazën e një avulli të vogël bambuje. Rrotulloni mishin në thërrime buke dhe vendoseni sipër patateve. Mbulojeni dhe ziejini mbi ujë të vluar për 40 minuta.

Ngrohni vajin e susamit dhe skuqni qepët e pranverës për disa sekonda. Hidhni sipër mishin dhe shërbejeni.

Fileto viçi

Ju mbani 4

450 g/1 lb viçi pa dhjamë
45 ml/3 lugë gjelle verë orizi ose sheri të thatë
15 ml/1 lugë gjelle salcë soje
10 ml/2 lugë gjelle salcë goca deti
5 ml/1 lugë çaji sheqer
5 ml/1 lugë çaji miell misri (niseshte misri)
2,5 ml/¬Ω lugë çaji bikarbonat natriumi (bikarbonat natriumi)
majë kripë
1 thelpi hudhër, e shtypur
30 ml/2 lugë vaj kikiriku (kikiriku).
2 qepë, të prera hollë

Pritini mishin nëpër kokërr në feta të holla. Përzieni verën ose sherin, salcën e sojës, salcën e gocave deti, sheqerin, dhallën, sodën e bukës, kripën dhe hudhrën. E trazojmë mishin, e mbulojmë dhe e vendosim në frigorifer për të paktën 3 orë. Ngroheni vajin dhe skuqni qepën për rreth 5 minuta derisa të skuqet. Transferoni në një pjatë të ngrohur dhe mbajeni të ngrohtë. Shtoni pak mish në wok, duke ndarë fetat në mënyrë që të mos mbivendosen. Skuqini për rreth 3 minuta nga secila anë derisa të marrin ngjyrë, më pas rregulloni qepët sipër dhe vazhdoni të skuqni mishin e mbetur.

Bukë e pjekur nga viçi

Ju mbani 4

4 feta viçi pa dhjamë
1 vezë e rrahur
50 g/2 oz/¬Ω filxhan arra, të copëtuara
4 feta buke
vajin e skuqur

Rrafshojmë fetat e viçit dhe i lyejmë mirë me vezë. I spërkasim me arra dhe sipër i vendosim një fetë bukë. Ngrohni vajin dhe skuqni mishin dhe fetat e bukës për rreth 2 minuta. Hiqeni nga vaji dhe lëreni të ftohet. Ngrohni vajin dhe skuqeni përsëri deri në kafe të artë.

Tofu me mish viçi djegës Tofu

Ju mbani 4

225 g/8oz viçi pa dhjamë, i grirë

1 e bardhe veze

2,5 ml/¬Ω lugë çaji vaj susami

5 ml/1 lugë çaji miell misri (niseshte misri)

majë kripë

250 ml/8 ml oz/1 filxhan vaj kikiriku (kikirikë).

100 g/4oz tofu të thatë, të prerë në rripa

5 speca djegës të kuq, të prerë në rripa

15 ml/1 lugë gjelle ujë

1 fetë rrënjë xhenxhefili, e prerë

10 ml/2 lugë çaji salcë soje

Përzieni mishin e viçit me të bardhën e vezës, gjysmën e vajit të susamit, niseshtën e misrit dhe kripën. Ngroheni vajin dhe skuqeni mishin derisa të jetë gati gati. Hiqeni nga tigani. Shtoni tofu në tigan dhe skuqeni për 2 minuta, më pas hiqeni nga tigani. Shtoni specin djegës dhe skuqeni për 1 minutë. Kthejeni tofu në tigan me ujë, xhenxhefil dhe salcë soje dhe përzieni mirë. Shtoni mishin dhe skuqeni derisa të homogjenizohet mirë. Shërbejeni të spërkatur me vajin e mbetur të susamit.

Mish viçi me domate

Ju mbani 4

30 ml/2 lugë vaj kikiriku (kikiriku).
3 qepë (qepë), të prera në copa të vogla
225 g/8oz viçi pa dhjamë, i prerë në rripa
60 ml/4 lugë lëng mishi
15 ml/1 lugë gjelle miell misri (niseshte misri)
45 ml/3 lugë ujë
4 domate të qëruara dhe të grira në katër pjesë

Ngrohim vajin dhe kaurdisim qepën e pranverës derisa të jetë e butë. Shtoni mishin e viçit dhe skuqeni derisa të marrë ngjyrë kafe. Përzieni lëngun, lëreni të vlojë, mbulojeni dhe ziejini për 2 minuta. Përziejmë miellin e misrit dhe ujin, i përziejmë në tigan dhe i kaurdisim duke e trazuar derisa salca të trashet. Përziejini domatet dhe gatuajeni derisa të nxehen.

Mish viçi i kuq i gatuar me rrepë

Ju mbani 4

450 g/1 lb viçi pa dhjamë
1 fetë rrënjë xhenxhefili, e prerë
1 qepë (qepë), e copëtuar 120 ml/4 floz/¬Ω filxhan verë orizi ose sheri të thatë
250 ml/8 ml oz/1 filxhan ujë
2 feta anise yll
1 rrepë e vogël, e prerë në kubikë
120 ml/4 fl oz/¬Ω filxhan salcë soje
15 ml/1 lugë sheqer

Vendosni mishin e viçit, xhenxhefilin, qepën, verën ose sherin, ujin dhe aniseun në një tenxhere me fund të rëndë, lëreni të ziejë, mbulojeni dhe ziejini për 45 minuta. Shtoni rrepat, salcën e sojës dhe sheqerin dhe pak ujë nëse është e nevojshme, vendosini të ziejnë, mbulojeni dhe ziejini edhe për 45 minuta të tjera derisa mishi të zbutet. Lëreni të ftohet. Hiqni mishin dhe rrepat nga salca. Gdhendni mishin e viçit dhe vendoseni në një pjatë servirjeje me rrepat. Kullojeni salcën dhe shërbejeni të ftohtë.

Mish viçi me perime

Ju mbani 4

225 g/8oz viçi pa dhjamë

15 ml/1 lugë gjelle miell misri (niseshte misri)

15 ml/1 lugë gjelle salcë soje

15 ml/1 lugë gjelle verë orizi ose sheri të thatë

2,5 ml/¬Ω lugë çaji sheqer

45 ml/3 lugë vaj kikiriku (kikiriku).

1 fetë rrënjë xhenxhefili, e prerë

2,5 ml/¬Ω lugë çaji kripë

100 g qepë, të prera në feta

2 shkopinj selino, të prera në feta

1 piper i kuq, i prere ne feta

100 g kërcell bambuje, të prera në feta

100 g/4oz karota, të prera në feta

120 ml/4 fl oz/¬Ω filxhan lëng viçi

Pritini viçin në feta hollë kundër kokrrës dhe vendoseni në një tas. Përzieni miellin e misrit, salcën e sojës, verën ose sherin dhe sheqerin, derdhni sipër mishin dhe hidheni të lyhet. Lëreni të pushojë për 30 minuta duke e kthyer herë pas here. Ngroheni gjysmën e vajit dhe skuqeni mishin derisa të marrë ngjyrë kafe, më pas hiqeni nga tigani. Ngrohni vajin e mbetur, shtoni xhenxhefilin dhe kripën, më pas shtoni perimet dhe skuqini derisa të lyhen me vaj. Përzieni lëngun, lëreni të vlojë, mbulojeni dhe gatuajeni derisa perimet të jenë të buta, por ende krokante. Kthejeni viçin në tigan dhe përzieni në zjarr të ulët për rreth 1 minutë që të ngrohet.

Çomlek viçi

Ju mbani 4

350g/12oz Roll viçi
30 ml/2 lugë sheqer
30 ml/2 lugë gjelle verë orizi ose sheri të thatë
30 ml/2 lugë salcë soje
5 ml/1 lugë çaji kanellë
2 qepë (qepë), të grira
1 fetë rrënjë xhenxhefili, e prerë
45 ml/3 lugë vaj susami

Lëreni një tenxhere me ujë të ziejë, shtoni mishin e viçit, kthejeni ujin në valë dhe lëreni të ziejë shpejt për të mbyllur mishin.

Hiqeni nga tigani. Vendoseni viçin në një tigan të pastër dhe shtoni të gjithë përbërësit e tjerë, duke rezervuar 15 ml/1 lugë vaj susami. Mbushni tenxheren me ujë të mjaftueshëm sa të mbulojë mishin, lëreni të vlojë, mbulojeni dhe ziejini lehtë për rreth 1 orë derisa mishi të zbutet. Spërkateni me vajin e mbetur të susamit përpara se ta shërbeni.

Biftek i mbushur

Pjesa 4-6

675g/1¬Ω lb biftek në një copë
60 ml/4 lugë gjelle uthull vere
30 ml/2 lugë sheqer
10 ml/2 lugë çaji salcë soje
2,5 ml/¬Ω lugë çaji piper i sapo bluar
2,5 ml/¬Ω lugë çaji karafil të plotë
5 ml/1 lugë çaji kanellë të bluar
1 gjethe dafine, e grimcuar
225 g/8oz oriz me kokërr të gjatë i gatuar
5 ml/1 lugë çaji majdanoz i freskët i grirë

majë kripë
30 ml/2 lugë vaj kikiriku (kikiriku).
30 ml/2 lugë sallo
1 qepë, e prerë në feta

Vendosni biftekun në një tas të madh. Zieni në një tenxhere uthullën e verës, sheqerin, salcën e sojës, piperin, karafilin, kanellën dhe gjethet e dafinës dhe më pas lërini të ftohen. Hidheni mbi biftekun, mbulojeni dhe marinoni në frigorifer gjatë natës, duke e kthyer herë pas here.

Përzieni orizin, majdanozin, kripën dhe vajin. Kulloni mishin dhe masën e shpërndani sipër biftekit, e rrotulloni dhe e lidhni fort me spango. Shkrihet dhjami i yndyrës, shtoni qepën dhe biftekun dhe skuqeni derisa të skuqet nga të gjitha anët. Hidhni ujë të mjaftueshëm sa të mbulojë pothuajse biftekun, mbulojeni dhe ziejini për 1 Ω orë ose derisa mishi të zbutet.

Pemë viçi

Ju mbani 4

450 g/1 lb miell i thjeshtë (për të gjitha qëllimet).
1 pako maja e lehtë përzierëse
10 ml/2 lugë çaji sheqer të grimcuar
5 ml/1 lugë çaji kripë
300 ml/¬Ω për/1 ° filxhan qumësht ose ujë të nxehtë
30 ml/2 lugë vaj kikiriku (kikiriku).
225 g/8oz mish viçi i bluar (i bluar).
1 qepë, e grirë
2 copa kërcell xhenxhefili, të prera
50 g shqeme, të copëtuara
2,5 ml/¬Ω lugë çaji pluhur me pesë erëza
15 ml/1 lugë gjelle salcë soje
30 ml/2 lugë salcë hoisin
2,5 ml/¬Ω lugë çaji uthull vere
15 ml/1 lugë gjelle miell misri (niseshte misri)
45 ml/3 lugë ujë

Përziejmë miellin, majanë, sheqerin, kripën dhe qumështin ose ujin e ngrohtë dhe e përziejmë në një brumë të butë. Mbulojeni dhe lëreni në një vend të ngrohtë për 45 minuta. Ngroheni vajin dhe skuqeni mishin derisa të skuqet lehtë. Shtoni qepën, xhenxhefilin, shqemet, pluhurin me pesë erëza, salcën e sojës, salcën hoisin dhe uthullën e verës dhe lërini të ziejnë. Përzieni miellin e misrit dhe ujin, përzieni në salcë dhe ziejini për 2 minuta. Lëreni të ftohet. Formoni 16 topa me brumin. Rrafshojmë, hedhim pak mbushje në secilën dhe mbyllim brumin rreth mbushjes. Vendoseni në një kosh me avull në një wok ose tigan, mbulojeni dhe ziejini në ujë me kripë për rreth 30 minuta.

Qofte krokante

Ju mbani 4

225 g/8oz mish viçi i bluar (i bluar).
100 gr gështenja me ujë, të grira
2 vezë të rrahura
5 ml/1 lugë e vogël lëvozhgë portokalli të grirë
5 ml/1 lugë gjelle rrënjë xhenxhefili të bluar

5 ml/1 lugë çaji kripë

15 ml/1 lugë gjelle miell misri (niseshte misri)

225 g/8 oz/2 gota miell të thjeshtë (të gjitha qëllimet).

5 ml/1 lugë çaji pluhur pjekjeje

300 ml/¬Ω për/1¬Ω gota ujë

15 ml/1 lugë vaj kikiriku (kikirikë).

vajin e skuqur

Përzieni mishin e viçit, gështenjat me ujë, 1 vezë, lëkurën e portokallit, xhenxhefilin, kripën dhe niseshte misri. Formoni topa të vegjël. Vendoseni në një tas në një tenxhere me avull mbi ujë të vluar dhe ziejini në avull për rreth 20 minuta derisa të gatuhet. Lëreni të ftohet.

Përzieni miellin, pluhurin për pjekje, vezën e mbetur, ujin dhe vajin e kikirikut për të formuar një brumë të trashë. Zhytni qoftet në brumë. Ngroheni vajin dhe skuqni qoftet deri në kafe të artë.

Mish i grirë me shqeme

Ju mbani 4

450 g/1 lb viçi (i bluar).
¬Ω e bardha e vezës
5 ml/1 lugë çaji salcë goca deti
5 ml/1 lugë çaji salcë soje e lehtë
disa pika vaj susami
25 g/1 oz majdanoz i freskët, i grirë
45 ml/3 lugë vaj kikiriku (kikiriku).
25 g/1 oz/¬° filxhan shqeme, të copëtuara
15 ml/1 lugë lëng mishi
4 gjethe të mëdha marule

Përzieni mishin e viçit me të bardhën e vezës, salcën e gocave të detit, salcën e sojës, vajin e susamit dhe majdanozin dhe lëreni të qëndrojë. Ngrohni gjysmën e vajit dhe skuqni shqemet derisa të marrin një ngjyrë kafe të lehtë, më pas hiqeni nga tigani. Ngrohni vajin e mbetur dhe skuqeni përzierjen e mishit derisa të marrë ngjyrë kafe. Shtoni lëngun dhe vazhdoni të skuqeni derisa të ketë avulluar pothuajse i gjithë lëngu. Vendosini gjethet e marules në një pjatë të ngrohur dhe hidhini sipër mishit. Shërbehet i spërkatur me shqeme të pjekura

Mish viçi në salcë të kuqe

Ju mbani 4

60 ml/4 lugë vaj kikiriku (kikirikë).
450 g/1 lb viçi (i bluar).
1 qepë, e grirë
1 piper i kuq, i grire
1 spec jeshil, i grire
2 feta ananasi, të prera
45 ml/3 lugë salcë soje
45 ml/3 lugë gjelle verë e bardhë e thatë
30 ml/2 lugë gjelle uthull vere
30 ml/2 lugë mjaltë
300 ml/¬Ω për/1 ° filxhanë lëng mishi
kripë dhe piper i sapo bluar
disa pika vaj piper djegës

Ngroheni vajin dhe skuqeni mishin derisa të skuqet lehtë. Shtoni perimet dhe ananasin dhe skuqini për 3 minuta. Shtoni salcën e sojës, verën, uthullën e verës, mjaltin dhe lëngun. Lëreni të vlojë, mbulojeni dhe ziejini për 30 minuta derisa të gatuhet. I rregullojmë sipas shijes me kripë, piper dhe vaj piper djegës.

Qofte viçi me oriz ngjitës

Ju mbani 4

225 g/8oz oriz ngjitës
450 g/1 lb viçi pa dhjamë, i grirë (i bluar)
1 fetë rrënjë xhenxhefili, e prerë
1 qepë e vogël, e grirë
1 vezë e rrahur lehtë
15 ml/1 lugë gjelle salcë soje
2,5 ml/¬Ω lugë çaji miell misri (miseshte misri)
2,5 ml/¬Ω lugë çaji sheqer
2,5 ml/¬Ω lugë çaji kripë
5 ml/1 lugë çaji verë orizi ose sheri të thatë

Lyejeni orizin për 30 minuta, më pas kullojeni dhe vendoseni në një pjatë. Përzieni mishin e viçit, xhenxhefilin, qepën, vezën, salcën e sojës, vajin, sheqerin, kripën dhe verën ose sherin. Formoni topa me madhësi arre. Rrotulloni qoftet në oriz për t'i mbuluar plotësisht, më pas i rregulloni në një tepsi të cekët, me hapësira midis tyre. Gatuani në skarë mbi ujë të vluar për 30 minuta. Shërbehet me salcë soje dhe mustardë kineze.

Qofte me salcë të ëmbël dhe të thartë

Ju mbani 4

450 g/1 lb viçi (i bluar).

1 qepë, e grirë hollë

25 g/1 oz gështenja uji, të prera imët

15 ml/1 lugë gjelle salcë soje

15 ml/1 lugë gjelle verë orizi ose sheri të thatë

1 vezë e rrahur

100 g/4 oz/¬Ω filxhan miell misri (miseshte misri)

vajin e skuqur

Për salcën:

15 ml/1 lugë vaj kikiriku (kikirikë).

1 spec jeshil, i prerë në kubikë

100 g copa ananasi në shurup

100 g/4oz Turshi të ëmbla të përziera kineze

100 g/4 oz/¬Ω filxhan sheqer kaf

120 ml/4 fl oz/¬Ω filxhan lëng pule

60 ml/4 lugë gjelle uthull vere

15 ml/1 lugë gjelle pure domate (pastë)

15 ml/1 lugë gjelle miell misri (niseshte misri)

15 ml/1 lugë gjelle salcë soje

kripë dhe piper i sapo bluar
45 ml/3 lugë gjelle kokos të grirë

Përzieni mishin e viçit, qepën, gështenjat me ujë, salcën e sojës dhe verën ose sherin. Formoni topa dhe i rrotulloni në vezën e rrahur dhe më pas në niseshte misri. Skuqini në vaj të nxehtë për disa minuta derisa të marrin ngjyrë kafe. Transferoni në një pjatë të ngrohur dhe mbajeni të ngrohtë.

Ndërkohë ngrohim vajin dhe skuqim specin për 2 minuta. Shtoni 30 ml/2 lugë shurup ananasi, 15 ml/1 lugë uthull turshi, sheqer, lëng, uthull vere, pure domate, vaj dhe salcë soje. Përziejini mirë, lëreni të vlojë dhe gatuajeni duke e trazuar derisa masa të pastrohet dhe të trashet. Kulloni ananasin dhe turshitë e mbetura dhe shtoni në tigan. Ziejeni, duke e trazuar, për 2 minuta. Hidhni sipër qofteve dhe shërbejeni të spërkatur me kokos.

Puding me mish të zier në avull

Ju mbani 4

6 kërpudha të thata kineze
225 g/8oz mish viçi i bluar (i bluar).
225g/8oz mish derri i grirë (i bluar).
1 qepë e prerë në kubikë
20 ml/2 lugë çatney mango
30 ml/2 lugë salcë hoisin
30 ml/2 lugë salcë soje
5 ml/1 lugë çaji pluhur me pesë erëza
1 thelpi hudhër, e shtypur
5 ml/1 lugë çaji kripë
1 vezë e rrahur
45 ml/3 lugë miell misri (niseshte misri)
60 ml/4 lugë qiqra të grira
10 gjethe lakre
300 ml/¬Ω për/1 º filxhanë lëng mishi

Thithni kërpudhat në ujë të ngrohtë për 30 minuta dhe më pas kullojini. Hidhni kapakët dhe prisni kapakët. Përziejmë mishin e grirë, qepën, chutney-n, salcën hoisin, salcën e sojës, pluhurin me pesë erëza dhe hudhrën dhe e rregullojmë me kripë. Shtoni vezën dhe niseshtën e misrit dhe përzieni qiqrat. Rreshtoni koshin e avullores me gjethe lakre. Formoni mishin e grirë në formë keku dhe vendoseni në gjethe. Mbulojeni dhe ziejini sipër lëngut të viçit në zjarr të ulët për 30 minuta.

Mish i grirë në avull

Ju mbani 4

450 g/1 lb viçi (i bluar).
2 qepë, të grira hollë
100 g gështenja ujë, të imta
i grirë
60 ml/4 lugë salcë soje
60 ml/4 lugë gjelle verë orizi ose sheri të thatë
kripë dhe piper i sapo bluar

Përziejini të gjithë përbërësit, rregulloni sipas shijes me kripë dhe piper. Shtypeni në një tas të vogël rezistent ndaj nxehtësisë dhe vendoseni në një avullore mbi ujë të vluar. Mbulojeni dhe ziejini në avull për rreth 20 minuta derisa mishi të jetë gatuar dhe gjella të ketë krijuar salcën e saj të shijshme.

Mish i grirë me salcë goca deti

Ju mbani 4

30 ml/2 lugë vaj kikiriku (kikiriku).
2 thelpinj hudhre, te grira
225 g/8oz mish viçi i bluar (i bluar).
1 qepë, e grirë
50 gr gështenja me ujë, të grira
50 g/2oz fidane bambuje, të copëtuara
15 ml/1 lugë gjelle salcë soje
30 ml/2 lugë gjelle verë orizi ose sheri të thatë
15 ml/1 lugë gjelle salcë deti

Ngroheni vajin dhe skuqni hudhrën derisa të skuqet lehtë. Shtoni mishin e viçit dhe përzieni derisa të skuqet nga të gjitha anët. Shtoni qepën, gështenjat e ujit dhe lastarët e bambusë dhe skuqini për 2 minuta. Shtoni salcën e sojës dhe verën ose sherin, mbulojeni dhe ziejini për 4 minuta.

Rolls viçi

Ju mbani 4

350 g/12oz mish viçi i bluar (i bluar).
1 vezë e rrahur
5 ml/1 lugë çaji miell misri (niseshte misri)
5 ml/1 lugë çaji vaj kikiriku (kikirikë).
kripë dhe piper i sapo bluar
4 qepë (qepë), të grira
8 pako vaj Spring rolls për tiganisje

Përziejmë mishin e viçit, vezën, niseshtën e misrit, vajin, kripën, piperin dhe qepën. Lëreni të pushojë për 1 orë. Hidheni përzierjen në çdo mbështjellës të rolesë, paloseni mbi bazën, palosni në anët dhe më pas rrotulloni fletët, duke mbyllur skajet me pak ujë. Ngrohni vajin dhe skuqni rolet derisa të marrin ngjyrë kafe të artë dhe të gatuhen. Kullojini mirë përpara se ta shërbeni.

Qofte viçi dhe spinaqi

Ju mbani 4

450 g/1 lb viçi (i bluar).

1 vezë

100 g/4oz bukë thërrime

60 ml/4 lugë gjelle ujë

15 ml/1 lugë gjelle miell misri (niseshte misri)

2,5 ml/¬Ω lugë çaji kripë

15 ml/1 lugë gjelle verë orizi ose sheri të thatë

30 ml/2 lugë vaj kikiriku (kikiriku).

45 ml/3 lugë salcë soje

120 ml/4 fl oz/¬Ω filxhan lëng viçi

350 g/12 oz spinaq, i copëtuar

Përzieni mishin e viçit, vezën, thërrimet e bukës, ujin, ajkën, kripën dhe verën ose sherin. Formoni topa me madhësi arre. Ngroheni vajin dhe skuqni qoftet derisa të marrin ngjyrë kafe nga të gjitha anët. Hiqeni nga tigani dhe kulloni vajin e tepërt. Shtoni salcën e sojës dhe lëngun në tigan dhe ktheni qoftet. Lëreni të vlojë, mbulojeni dhe ziejini për 30 minuta, duke e kthyer herë pas here. Ziejeni spinaqin në një tigan të veçantë derisa të zbutet, më pas futeni në mish dhe ngroheni.

Mish viçi i skuqur me tofu

Ju mbani 4

20 ml/4 lugë miell misri (niseshte misri)
10 ml/2 lugë çaji salcë soje
10 ml/2 lugë çaji verë orizi ose sheri të thatë
225 g/8oz mish viçi i bluar (i bluar).
2,5 ml/¬Ω lugë çaji sheqer
30 ml/2 lugë vaj kikiriku (kikiriku).
2,5 ml/¬Ω lugë çaji kripë
1 thelpi hudhër, e shtypur
120 ml/4 fl oz/¬Ω filxhan lëng viçi
225 g/8oz tofu, i prerë në kubikë
2 qepë (qepë), të grira
piper i sapo bluar pluhur

Përzieni gjysmën e miellit të misrit, gjysmën e salcës së sojës dhe gjysmën e verës ose sherit. Shtoni në mish dhe përzieni mirë. Ngroheni vajin dhe skuqni kripën dhe hudhrën për disa sekonda. Shtoni mishin e viçit dhe skuqeni derisa të marrë ngjyrë kafe. Përzieni lëngun dhe lëreni të ziejë. Shtoni tofu, mbulojeni dhe gatuajeni për 2 minuta. Përzieni miellin e mbetur të misrit, salcën e sojës dhe verën ose sherin, shtoni në tigan dhe gatuajeni, duke e trazuar, derisa salca të trashet.

Qengji me asparagus

Ju mbani 4

350 g/12 oz shparg

450 g/1 lb qengji pa dhjamë

45 ml/3 lugë vaj kikiriku (kikiriku).

kripë dhe piper i sapo bluar

2 thelpinj hudhre, te grira

250 ml/8 ml oz/1 filxhan lëng mishi

1 domate e qëruar dhe e prerë në feta

15 ml/1 lugë gjelle miell misri (niseshte misri)

45 ml/3 lugë ujë

15 ml/1 lugë gjelle salcë soje

Pritini shpargujt në copa diagonale dhe vendosini në një tas. Hidhni mbi ujë të vluar dhe lëreni të qëndrojë për 2 minuta dhe më pas kullojeni. Pritini qengjin në feta hollë kundër kokrrës. Ngroheni vajin dhe skuqni mishin e qengjit derisa të marrë pak ngjyrë. Hidhni kripë, piper dhe hudhër dhe skuqeni për 5 minuta. Shtoni shpargujt, lëngun e mishit dhe domatet, lërini të ziejnë, mbulojeni dhe ziejini për 2 minuta. Përzieni miellin e misrit, ujin dhe salcën e sojës në një pastë, përzieni në tigan dhe gatuajeni, duke e trazuar, derisa salca të pastrohet dhe të trashet.

raft qengji

Ju mbani 4

450g/1lb mish qengji pa dhjamë, i prerë në rripa
120 ml/4 fl oz/¬Ω filxhan salcë soje
120 ml/4 fl oz/¬Ω filxhan verë orizi ose sheri të thatë
1 thelpi hudhër, e shtypur
3 qepë (qepë), të grira
5 ml/1 lugë çaji vaj susami
kripë dhe piper i sapo bluar

Vendoseni qengjin në një tas. Përziejini përbërësit e tjerë, hidhini sipër mishin e qengjit dhe lërini të marinohen për 1 orë. Piqeni në skarë (pjek) mbi thëngjij të nxehtë derisa qengji të gatuhet, duke e lyer me salcë nëse është e nevojshme.

Qengji me bishtaja

Ju mbani 4

450 g bishtaja, të prera në shirita julienne
45 ml/3 lugë vaj kikiriku (kikiriku).
450g/1lb mish qengji pa dhjamë, i prerë në feta hollë
250 ml/8 ml oz/1 filxhan lëng mishi
5 ml/1 lugë çaji kripë
2,5 ml/¬Ω lugë çaji piper i sapo bluar
15 ml/1 lugë gjelle miell misri (niseshte misri)
5 ml/1 lugë çaji salcë soje
75 ml/5 lugë gjelle ujë

Ziejini fasulet në ujë të vluar për 3 minuta dhe më pas kullojini mirë. Ngroheni vajin dhe skuqeni mishin derisa të skuqet lehtë nga të gjitha anët. Shtoni lëngun, lëreni të vlojë, mbulojeni dhe ziejini për 5 minuta. Shtoni fasulet, kripën dhe piperin, mbulojeni dhe ziejini për 4 minuta derisa mishi të jetë zier. Përzieni miellin e misrit, salcën e sojës dhe ujin në një pastë, shtoni në tigan dhe gatuajeni, duke e trazuar, derisa salca të pastrohet dhe të trashet.

qengji i zier

Ju mbani 4

450 g ijë qengji pa kocka, të prera në kubikë
15 ml/1 lugë vaj kikiriku (kikirikë).
4 qepë (qepëza), të prera në feta
10 ml/2 lugë gjelle rrënjë xhenxhefili të grirë
200 ml/¬Ω për/1 ° filxhan supë pule
30 ml/2 lugë sheqer
30 ml/2 lugë salcë soje
15 ml/1 lugë gjelle salcë hoisin
15 ml/1 lugë gjelle verë orizi ose sheri të thatë
5 ml/1 lugë çaji vaj susami

Ziejeni qengjin në ujë të vluar për 5 minuta dhe më pas kullojeni. Ngroheni vajin dhe skuqni qengjin për rreth 5 minuta derisa të skuqet. E heqim nga tava dhe e kullojmë në letër kuzhine. Hiqni të gjithë, përveç 15 ml/1 lugë gjelle vaj nga tigani. Ngrohni vajin dhe kaurdisni qepët dhe xhenxhefilin për 2 minuta. E kthejmë mishin në tigan me përbërësit e tjerë. Lëreni të vlojë, mbulojeni dhe ziejini për 1 Ω orë derisa mishi të zbutet.

Qengji me brokoli

Ju mbani 4

75 ml/5 lugë vaj kikiriku (kikirikë).
1 thelpi hudhër, e shtypur
450g/1lb qengji, i prerë në rripa
450 gr lule brokoli
250 ml/8 ml oz/1 filxhan lëng mishi
5 ml/1 lugë çaji kripë
2,5 ml/¬Ω lugë çaji piper i sapo bluar
30 ml/2 lugë miell misri (niseshte misri)
75 ml/5 lugë gjelle ujë
5 ml/1 lugë çaji salcë soje

Ngroheni vajin dhe skuqni hudhrat dhe mishin e qengjit derisa të gatuhen. Shtoni brokolin dhe lëngun, lëreni të ziejë, mbulojeni dhe ziejini për rreth 15 minuta derisa brokoli të zbutet. I rregullojmë me kripë dhe piper. Përzieni miellin e misrit, ujin dhe salcën e sojës në një pastë, përzieni në tigan dhe gatuajeni, duke e trazuar, derisa salca të pastrohet dhe të trashet.

Qengji me gështenja uji

Ju mbani 4

350g/12oz qengji pa dhjamë, i prerë në copa
15 ml/1 lugë vaj kikiriku (kikirikë).
2 qepë (qepë), të prera në feta
2 feta rrënjë xhenxhefili, të prera
2 speca djegës të kuq, të copëtuara
Kupa uji 600 ml/1 pt/2¬Ω
100 g rrepë të prerë në kubikë
1 karotë të prerë në kubikë
1 shkop kanelle
2 feta anise yll
2,5 ml/¬Ω lugë çaji sheqer
15 ml/1 lugë gjelle salcë soje
15 ml/1 lugë gjelle verë orizi ose sheri të thatë
100 gr gështenja me ujë
15 ml/1 lugë gjelle miell misri (niseshte misri)
45 ml/3 lugë ujë

Ziejeni qengjin në ujë të vluar për 2 minuta dhe më pas kullojeni. Ngrohni vajin dhe skuqni qepën, xhenxhefilin dhe specin djegës për 30 sekonda. Shtoni mishin e qengjit dhe skuqeni derisa të lyhet mirë me erëza. Shtoni përbërësit e mbetur përveç gështenjave të ujit, miellit të misrit dhe ujit, lërini të ziejnë, mbulojeni pjesërisht dhe ziejini derisa mishi i qengjit të zbutet, rreth 1 orë. Kontrolloni herë pas here dhe mbusheni me ujë të valë nëse është e nevojshme. Hiqni kanellën dhe anise, shtoni gështenjat e ujit dhe gatuajeni pa mbuluar për rreth 5 minuta. Përzieni miellin e misrit dhe ujin në një pastë dhe përzieni pak në salcë. Zieni duke e trazuar derisa salca të trashet.

Qengji me lakër

Ju mbani 4

45 ml/3 lugë vaj kikiriku (kikiriku).
450g/1lb qengji, i prerë në feta hollë
kripë dhe piper i zi i sapo bluar
1 thelpi hudhër, e shtypur
450 g/1 lb bok choy, i grirë
120 ml/4 fl oz/¬Ω rezervë për filxhan
15 ml/1 lugë gjelle miell misri (niseshte misri)
15 ml/1 lugë gjelle salcë soje
60 ml/4 lugë gjelle ujë

Ngroheni vajin dhe skuqni mishin e qengjit, kripën, piperin dhe hudhrën derisa të marrin ngjyrë kafe. Shtojmë lakrën dhe e përziejmë derisa të lyhet me vaj. Shtoni lëngun, lëreni të vlojë, mbulojeni dhe ziejini për 10 minuta. Përzieni miellin e misrit, salcën e sojës dhe ujin në një pastë, përzieni në tigan dhe gatuajeni, duke e trazuar, derisa salca të pastrohet dhe të trashet.

Lamb Chow Mein

Ju mbani 4

450 g makarona me vezë

45 ml/3 lugë vaj kikiriku (kikiriku).

450g/1lb qengji, i prerë në feta

1 qepë, e prerë në feta

1 zemër selino, e prerë në feta

100 g kërpudha

100 g lakër fasule

20 ml/2 lugë miell misri (niseshte misri)

175 ml/6 fl oz/¬œ filxhan ujë

kripë dhe piper i sapo bluar

Ziejini tagliatelat në ujë të vluar për rreth 8 minuta dhe më pas kullojini. Ngrohni vajin dhe skuqeni qengjin derisa të skuqet lehtë. Shtoni qepën, selinon, kërpudhat dhe lakër fasule

skuqeni për 5 minuta. Përzieni miellin e misrit dhe ujin, derdhni në tigan dhe lëreni të ziejë. Zieni duke e trazuar derisa salca të trashet. Hidhni mbi petë dhe shërbejeni menjëherë.

kerri qengji

Ju mbani 4

30 ml/2 lugë vaj kikiriku (kikiriku).
2 thelpinj hudhre, te grira
1 fetë rrënjë xhenxhefili, e prerë
450g/1lb qengji pa dhjamë, i prerë në kubikë
100 g patate të prera në kubikë
2 karota, të prera në kubikë
15 ml/1 lugë gjelle pluhur kerri
250 ml/8 ml oz/1 filxhan lëng pule
100 g kërpudha, të prera në feta

1 spec jeshil, i prerë në kubikë
50 g gështenja me ujë, të prera në feta

Ngrohni vajin dhe skuqni hudhrën dhe xhenxhefilin derisa të marrin një ngjyrë kafe të lehtë. Shtoni mishin e qengjit dhe skuqeni për 5 minuta. Shtoni patatet dhe karotat dhe skuqini për 3 minuta. Shtoni pluhurin e karrit dhe skuqeni për 1 minutë. Shtoni lëngun, lëreni të vlojë, mbulojeni dhe ziejini për rreth 25 minuta. Shtoni kërpudhat, piperin dhe gështenjat me ujë dhe ziejini për 5 minuta. Nëse preferoni një salcë më të trashë, ziejini për disa minuta për të zvogëluar salcën ose trasheni me 15 ml/1 lugë niseshte misri të përzier me pak ujë.

Qengj me aromë

Ju mbani 4

30 ml/2 lugë vaj kikiriku (kikiriku).
450g/1lb qengji pa dhjamë, i prerë në kubikë
2 qepë (qepë), të grira
1 thelpi hudhër, e shtypur
1 fetë rrënjë xhenxhefili, e prerë
120 ml/4 fl oz/¬Ω filxhan salcë soje
15 ml/1 lugë gjelle verë orizi ose sheri të thatë
15 ml/1 lugë sheqer kaf
2,5 ml/¬Ω lugë çaji kripë
piper i sapo bluar
300 ml/¬Ω për/1¬° gota ujë

Ngroheni vajin dhe skuqni qengjin derisa të skuqet lehtë. Shtoni qepën, hudhrën dhe xhenxhefilin dhe skuqini për 2 minuta. Shtoni salcën e sojës, verën ose sherin, sheqerin dhe kripën dhe i rregulloni me piper sipas dëshirës. Përziejini mirë përbërësit. Shtoni ujin, lëreni të vlojë, mbulojeni dhe ziejini për 2 orë.

Kube qengji të pjekur në skarë

Ju mbani 4

120 ml/4 fl oz/¬Ω filxhan vaj kikiriku (kikiriku).
60 ml/4 lugë gjelle uthull vere
2 thelpinj hudhre, te grira
15 ml/1 lugë gjelle salcë soje
5 ml/1 lugë çaji kripë
2,5 ml/¬Ω lugë çaji piper i sapo bluar
2,5 ml/¬Ω lugë çaji rigon
450g/1lb qengji pa dhjamë, i prerë në kubikë

Përziejini të gjithë përbërësit, mbulojeni dhe lëreni të marinohen gjatë gjithë natës. Rrjedhje. Vendoseni mishin në një raft (skarë) dhe grijeni (skarë) për rreth 15 minuta, duke e kthyer disa herë, derisa qengji të zbutet dhe të skuqet lehtë.

Qengji me Mangetout

Ju mbani 4

2 thelpinj hudhre, te grira
2,5 ml/¬Ω lugë çaji kripë
450g/1lb qengji i prerë në kubikë
30 ml/ 2 lugë miell misri (niseshte misri)
30 ml/2 lugë vaj kikiriku (kikiriku).
450 g/1 lb bizele bore (bizele), të copëtuara
250 ml/8 ml oz/1 filxhan lëng pule
10 ml/2 lugë çaji lëvore limoni të grirë në rende
30 ml/2 lugë mjaltë
30 ml/2 lugë salcë soje
5 ml/1 lugë çaji koriandër të bluar
5 ml/1 lugë çaji fara qimnoni, të bluara
30 ml/2 lugë gjelle pure domate (pastë)
30 ml/2 lugë gjelle uthull vere

Hidhni hudhrën dhe kripën dhe përzieni me qengjin. Kaloni qengjin në tigan. Ngrohni vajin dhe skuqni qengjin derisa të gatuhet. Shtoni bizelet e borës dhe skuqini për 2 minuta. Përzieni miellin e mbetur të misrit me lëngun dhe hidheni në tigan me përbërësit e tjerë. Lëreni të vlojë duke e trazuar dhe më pas ziejini për 3 minuta.

Qengj i marinuar

Ju mbani 4

450 g/1 lb qengji pa dhjamë
2 thelpinj hudhre, te grira
5 ml/1 lugë çaji kripë
120 ml/4 fl oz/¬Ω filxhan salcë soje
5 ml/1 lugë çaji kripë selino
vajin e skuqur

Vendoseni qengjin në një tenxhere dhe mbulojeni vetëm me ujë të ftohtë. Shtoni hudhrën dhe kripën, lëreni të vlojë, mbulojeni dhe ziejini për 1 orë derisa qengji të jetë zier. Hiqeni nga tigani dhe kullojeni. Vendoseni qengjin në një tas, shtoni salcën e sojës dhe spërkatni me kripë selino. Mbulojeni dhe marinoni për 2 orë ose gjatë gjithë natës. Pritini qengjin në copa të vogla. Ngrohni vajin dhe skuqni mishin e qengjit derisa të bëhet krokant. Kullojini mirë përpara se ta shërbeni.

Qengji me kërpudha

Ju mbani 4

45 ml/3 lugë vaj kikiriku (kikiriku).
350 g/12oz kërpudha, të prera në feta
100 g kërcell bambuje, të prera në feta
3 feta rrënjë xhenxhefili, të prera
450g/1lb qengji, i prerë në feta hollë
250 ml/8 ml oz/1 filxhan lëng mishi
15 ml/1 lugë gjelle miell misri (niseshte misri)
15 ml/1 lugë gjelle salcë soje
60 ml/4 lugë gjelle ujë

Ngrohni vajin dhe skuqni kërpudhat, lastarët e bambusë dhe xhenxhefilin për 3 minuta. Shtoni mishin e qengjit dhe gatuajeni derisa të marrin një ngjyrë kafe të lehtë. Shtoni lëngun, lëreni të vlojë, mbulojeni dhe ziejini për rreth 30 minuta derisa qengji të jetë gatuar dhe salca të jetë pakësuar përgjysmë. Përziejmë miellin e misrit, salcën e sojës dhe ujin, i përziejmë në tigan dhe i gatuajmë duke e trazuar derisa salca të pastrohet dhe të trashet.

Mish qengji me salcë goca deti

Ju mbani 4

30 ml/2 lugë vaj kikiriku (kikiriku).
1 thelpi hudhër, e shtypur
1 fetë xhenxhefil, e grirë hollë
450 g/1 lb mish pa dhjamë, i prerë në feta
250 ml/8 ml oz/1 filxhan lëng mishi
30 ml/2 lugë salcë perle
15 ml/1 lugë gjelle verë oriz ose sheri
5 ml/1 lugë çaji sheqer

Ngroheni vajin me hudhrën dhe xhenxhefilin dhe skuqeni derisa të marrin ngjyrë kafe. Shtoni mishin e qengjit dhe skuqeni për rreth 3 minuta derisa të skuqet lehtë. Shtoni lëngun, salcën e gocave, verën ose sherin dhe sheqerin, lërini të ziejnë duke e trazuar, më pas mbulojeni dhe ziejini për rreth 30 minuta, duke i përzier herë pas here, derisa qengji të gatuhet. Hiqeni kapakun dhe vazhdoni të gatuani duke e trazuar për rreth 4 minuta derisa salca të zvogëlohet dhe të trashet.

Qengji i zier i kuq

Ju mbani 4

30 ml/2 lugë vaj kikiriku (kikiriku).
Bërxolla qengji 450 g/1 lb
250 ml/8 ml oz/1 filxhan lëng pule
1 qepë, e prerë në feta
120 ml/4 fl oz/¬Ω filxhan salcë soje
5 ml/1 lugë çaji kripë
1 fetë rrënjë xhenxhefili, e prerë

Ngroheni vajin dhe skuqni kotatet derisa të marrin ngjyrë kafe nga të dyja anët. Shtoni përbërësit e mbetur, lërini të vlojnë, mbulojeni dhe ziejini për rreth 1¬Ω orë derisa qengji të zbutet dhe salca të jetë pakësuar.

Qengji me qepë të pranverës

Ju mbani 4

350g/12oz qengji pa dhjamë të prerë në kubikë
30 ml/2 lugë salcë soje
30 ml/2 lugë gjelle verë orizi ose sheri të thatë
30 ml/2 lugë vaj kikiriku (kikiriku).
2 thelpinj hudhre, te grira
8 qepë (qepë), të prera në feta të trasha

Vendoseni qengjin në një tas. Përzieni 15 ml/1 lugë gjelle salcë soje, 15 ml/1 lugë verë ose sheri dhe 15 ml/1 lugë gjelle vaj dhe përzieni në mish qengji. Lëreni të marinohet për 30 minuta. Ngrohni vajin e mbetur dhe skuqni hudhrën deri në kafe të artë. Kulloni mishin e viçit, shtoni në tigan dhe skuqeni për 3 minuta. Shtoni qepët e pranverës dhe skuqini për 2 minuta. Shtoni marinadën e mbetur dhe salcën e sojës dhe verën ose sherin dhe skuqini për 3 minuta.

Biftekët e butë të qengjit

Ju mbani 4

450 g/1 lb qengji pa dhjamë
15 ml/1 lugë gjelle salcë soje
10 ml/2 lugë çaji verë orizi ose sheri të thatë
2,5 ml/¬Ω lugë çaji kripë
1 qepë e vogël, e grirë
45 ml/3 lugë vaj kikiriku (kikiriku).

Pritini qengjin në feta hollë kundër kokrrës dhe vendoseni në një pjatë. Përziejmë salcën e sojës, verën ose sherin, kripën dhe vajin, e hedhim sipër mishin e qengjit, e mbulojmë dhe e marinojmë për 1 orë. Kullojini mirë. Ngrohni vajin dhe skuqni qengjin për rreth 2 minuta derisa të jetë i butë.

merak me mish qengji

Ju mbani 4

45 ml/3 lugë vaj kikiriku (kikiriku).

2 thelpinj hudhre, te grira

5 ml/1 lugë çaji salcë soje

450g/1lb qengji pa dhjamë, i prerë në kubikë

piper i sapo bluar

30 ml/2 lugë gjelle miell i thjeshtë (për të gjitha qëllimet).

300 ml/¬Ω për/1¬° gota ujë

15 ml/1 lugë gjelle pure domate (pastë)

1 gjethe dafine

100 g kërpudha të prera në gjysmë

3 karota, të prera në katër pjesë

6 qepë të vogla, të prera në katër pjesë

15 ml/1 lugë sheqer

1 kërcell selino, të prerë në feta

3 patate të prera në kubikë

15 ml/1 lugë gjelle verë orizi ose sheri të thatë

50 g bizele

15 ml/1 lugë gjelle majdanoz të freskët të grirë

Ngrohni gjysmën e vajit. Përziejmë hudhrën dhe salcën e sojës me mishin e qengjit dhe e rregullojmë me piper. Skuqini mishin derisa të skuqet lehtë. I spërkasim me miell dhe i gatuajmë duke e trazuar derisa të përthithet mielli. Shtoni ujin, purenë e domates dhe gjethen e dafinës, lërini të vlojnë, mbulojeni dhe ziejini për 30 minuta. Ngroheni vajin e mbetur dhe skuqni kërpudhat për 3 minuta, më pas i hiqni nga tigani. Shtoni karotat dhe qepët në tigan dhe skuqini për 2 minuta. Spërkateni me sheqer dhe ngrohni derisa perimet të shkëlqejnë. Shtoni në zierje kërpudhat, karotat, qepët, selinon dhe patatet, mbulojeni përsëri dhe ziejini për një orë tjetër. Shtoni verën ose sherin, bizelet dhe majdanozin,

Qengj i pjekur

Ju mbani 4

350g/12oz qengji pa dhjamë, i prerë në rripa
1 fetë rrënjë xhenxhefil, e prerë imët
3 vezë të rrahura
45 ml/3 lugë vaj kikiriku (kikiriku).
2,5 ml/¬Ω lugë çaji kripë
5 ml/1 lugë çaji verë orizi ose sheri të thatë

Përzieni mishin e qengjit, xhenxhefilin dhe vezët. Ngroheni vajin dhe skuqeni masën e qengjit për 2 minuta. Hidhni kripën dhe verën ose sherin dhe skuqini për 2 minuta.

Qengji dhe perime

Ju mbani 4

225 g/8oz qengji pa dhjamë, i prerë në feta
100 g kërcell bambuje, të prera në feta
100 g gështenja me ujë, të prera në feta
100 g kërpudha, të prera në feta
30 ml/2 lugë vaj kikiriku (kikiriku).
30 ml/2 lugë salcë soje
30 ml/2 lugë gjelle verë orizi ose sheri të thatë
2 thelpinj hudhre, te grira
4 qepë (qepëza), të prera në feta
150 ml/¬° pt/ohm filxhan supë pule
15 ml/1 lugë gjelle vaj susami
15 ml/1 lugë gjelle miell misri (niseshte misri)

Përzieni mishin e qengjit, fidanet e bambusë, gështenjat e ujit dhe kërpudhat. Përzieni 15 ml/1 lugë vaj, 15 ml/1 lugë salcë soje dhe 15 ml/1 lugë verë ose sheri dhe hidheni sipër masën e qengjit. Lëreni të marinohet për 1 orë. Ngrohni vajin e mbetur dhe skuqni hudhrën deri në kafe të artë. Shtoni përzierjen e mishit dhe skuqeni derisa të marrë ngjyrë kafe. Përzieni qepët e pranverës, më pas shtoni salcën e mbetur të sojës dhe verën ose sherin, pjesën më të madhe të lëngut dhe vajin e susamit. Lëreni të vlojë, përzieni, mbulojeni dhe ziejini për 10 minuta. Përzieni miellin e misrit me lëngun e mbetur, bashkojeni me salcën dhe gatuajeni duke e trazuar derisa salca të pastrohet dhe të trashet.

Qengji me tofu

Ju mbani 4

60 ml/4 lugë vaj kikiriku (kikirikë).
450 g/1 lb mish qengji pa dhjamë, i grirë trashë
3 thelpinj hudhre, te grira
2 qepë (qepë), të grira
4 gështenja uji, të prera në kubikë
5 ml/1 lugë e vogël lëvozhgë portokalli të grirë
15 ml/1 lugë gjelle salcë soje
majë kripë
100 g/4oz tofu, i prerë në kubikë
2.5 ml/¬Ω lugë çaji salcë goca deti
2,5 ml/¬Ω lugë çaji vaj susami

Ngrohim gjysmën e vajit dhe kaurdisim qengjin, hudhrën dhe qepën derisa të marrin ngjyrë kafe. Shtoni gështenjat me ujë, lëvozhgën e portokallit dhe salcën e sojës dhe ujë të vluar aq sa të mbulojë mishin. E kthejmë në valë, e mbulojmë dhe e ziejmë për rreth 30 minuta derisa qengji të zbutet shumë. Ndërkohë, ngrohni vajin e mbetur dhe skuqni tofu derisa të skuqet lehtë. Shtoni në mish qengji me salcën e gocave dhe vajin e susamit dhe gatuajeni pa mbuluar për 5 minuta.

Qengj i pjekur

Pjesa 4-6

2 kg/4 lbs këmbët e qengjit
120 ml/4 fl oz/¬Ω filxhan salcë soje
1 qepë, e grirë hollë
2 thelpinj hudhre, te grira
1 fetë rrënjë xhenxhefili, e prerë
50 g/2 oz/¬° filxhan sheqer kaf
30 ml/2 lugë gjelle verë orizi ose sheri të thatë
30 ml/2 lugë gjelle pure domate (pastë)
15 ml/1 lugë gjelle uthull vere
15 ml/1 lugë gjelle lëng limoni

Vendoseni qengjin në një pjatë. Përziejini përbërësit e mbetur, më pas derdhni sipër qengjin, mbulojeni dhe vendoseni në frigorifer gjatë natës, duke i kthyer dhe pastruar herë pas here.

Piqni qengjin në një furrë të parangrohur në 220¬∞C/425¬∞F/gaz 7 për 10 minuta, më pas ulni zjarrin në 190¬∞C/375¬∞F/gaz 5 dhe vazhdoni gatimin për 20 minuta deri në 1 lb. /450 gr plus 20 minuta duke e lagur herë pas here me marinadë.

Pjekje qengji me mustardë

Portat 8

75 ml/5 lugë gjelle mustardë të përgatitur
15 ml/1 lugë gjelle salcë soje
1 thelpi hudhër, e shtypur
5 ml/1 lugë çaji trumzë e freskët e grirë
1 fetë rrënjë xhenxhefili, e prerë
15 ml/1 lugë vaj kikiriku (kikirikë).
1,25 kg/3 lbs këmbët e qengjit

Përziejini të gjithë përbërësit e salcës derisa të përftoni një krem. Shtrohet mbi qengjin dhe lihet të pushojë për disa orë. Pjekim në furrë të parangrohur në 180¬∞C/350¬∞F/gaz pikën 4 për rreth 1¬Ω orë.

Gjoksi i qengjit të mbushur

Pjesa 6-8

1 gjoks qengji

225 g/8oz oriz me kokërr të gjatë i gatuar

1 piper i vogël jeshil, i grirë

2 qepë (qepë), të grira

90 ml/6 lugë vaj kikiriku (kikirikë).

kripë dhe piper i sapo bluar

375 ml/13 fl oz/1¬Ω gota uji

15 ml/1 lugë gjelle miell misri (niseshte misri)

15 ml/1 lugë gjelle salcë soje

Prisni një xhep në skajin e gjerë të gjoksit të qengjit. Përziejmë orizin, piperin, qepën, 30 ml/2 lugë vaj, kripën dhe piperin dhe mbushim zgavrën me masën. Siguroni fundin me fije. Ngrohni vajin e mbetur dhe skuqni qengjin derisa të skuqet lehtë nga të gjitha anët. I rregullojmë me kripë dhe piper, shtojmë 250 ml/8 floz/1 filxhan ujë, e lëmë të vlojë, e mbulojmë dhe e ziejmë për 2 orë ose derisa mishi të zbutet. Përzieni miellin e misrit, salcën e sojës dhe ujin e mbetur në një pastë, shtoni në tigan dhe gatuajeni, duke e trazuar, derisa salca të pastrohet dhe të trashet.

Qengji në furrë

Ju mbani 4

100 g/4oz bukë thërrime
4 vezë të ziera (të ziera), të grira
225g/8oz qengji i gatuar, i grirë
300 ml/¬Ω për/1 º filxhan lëng mishi
15 ml/1 lugë gjelle salcë soje
15 ml/1 lugë gjelle miell misri (niseshte misri)
30 ml/2 lugë ujë

Në një enë rezistente ndaj furrës i rregullojmë në shtresa thërrimet e bukës, vezët e ziera dhe mishin e qengjit. Lëmë lëngun dhe salcën e sojës të ziejnë në një tenxhere. Përzieni miellin e misrit dhe ujin në një pastë, përzieni në lëngun e mishit dhe gatuajeni, duke e trazuar, derisa salca të trashet. Hidhni sipër masën e qengjit, mbulojeni dhe piqini në furrë të parangrohur në 180¬∞C/350¬∞C/gaz 4 për rreth 25 minuta derisa të marrin ngjyrë kafe të artë.

Qengji dhe oriz

Ju mbani 4

30 ml/2 lugë vaj kikiriku (kikiriku).
350 g/12oz qengji i gatuar, i prerë në kubikë
Stoku prej 600 ml/1 pt/2¬Ω filxhanë
10 ml/2 lugë kripë
10 ml/2 lugë çaji salcë soje
4 qepë të prera në katër pjesë
2 karota, të prera në feta
50 g bizele
15 ml/1 lugë gjelle miell misri (niseshte misri)
30 ml/2 lugë ujë
350g/12oz oriz me kokërr të gjatë, i nxehtë

Ngroheni vajin dhe skuqni qengjin derisa të skuqet lehtë. Shtoni lëngun, kripën dhe salcën e sojës, lëreni të vlojë, mbulojeni dhe ziejini për 10 minuta. Shtoni qepën, karotat dhe bizelet, mbulojeni dhe ziejini për 20 minuta derisa perimet të zbuten. Lëngun e derdhni në një tenxhere. Përzieni miellin e misrit dhe ujin në një pastë, bashkojeni me salcën dhe gatuajeni, duke e trazuar, derisa salca të pastrohet dhe të trashet. Vendosim orizin në një pjatë të ngrohur dhe sipër e vendosim masën e qengjit. Hidhni sipër salcën dhe shërbejeni menjëherë.

Qengji i shelgut

Pjesë 3

450 g/1 lb qengji pa dhjamë
1 vezë e rrahur lehtë
30 ml/2 lugë salcë soje
5 ml/1 lugë çaji miell misri (niseshte misri)
majë kripë
vajin e skuqur
1 karotë e vogël, e prerë
1 thelpi hudhër, e shtypur
2,5 ml/¬Ω lugë çaji sheqer
2,5 ml/¬Ω lugë çaji uthull vere
2,5 ml/¬Ω lugë çaji verë oriz ose sheri të thatë
piper i sapo bluar

Pritini qengjin në shirita të hollë rreth 5 cm të gjatë. Përzieni vezën, 15 ml/1 lugë salcë soje, niseshte misri dhe kripë, përzieni me mishin e qengjit dhe lëreni të marinohet edhe për 30 minuta. Ngroheni vajin dhe skuqni mishin e qengjit deri sa të gatuhet gjysmë. Hiqeni nga tigani dhe kullojeni. Hidhni të gjithë, përveç 30 ml/2 lugë gjelle vaj dhe kaurdisni karrotën dhe hudhrën për 1 minutë. Shtoni mishin e qengjit dhe përbërësit e tjerë dhe skuqini për 3 minuta.

Mish derri me bajame

Ju mbani 4

60 ml/4 lugë vaj kikiriku (kikirikë).
50 g thekon bajame
350 g/12oz mish derri të prerë në kubikë
100 g kërcell bambuje, të prera në kubikë
3 bishta selino të prera në kubikë
50 g bizele
4 gështenja uji, të prera në kubikë
100 gr kërpudha të prera në kubikë
250 ml/8 ml oz/1 filxhan lëng mishi
45 ml/3 lugë salcë soje
kripë dhe piper i sapo bluar

Ngrohni vajin dhe skuqni bajamet derisa të marrin një ngjyrë kafe të lehtë. Hidhni pjesën më të madhe të vajit, shtoni mishin e derrit dhe skuqeni për 1 minutë. Shtoni lastarët e bambusë, selinon, bizelet, gështenjat e ujit dhe kërpudhat dhe skuqini për 1 minutë. Shtoni lëngun, salcën e sojës, kripë dhe piper, lëreni të vlojë, mbulojeni dhe zijini për 10 minuta.

Mish derri me fidane bambuje

Ju mbani 4

30 ml/2 lugë vaj kikiriku (kikiriku).

450 g/1 lb mish derri pa dhjamë, i prerë në kubikë

3 qepë (qepë), të prera në feta

2 thelpinj hudhre, te grira

1 fetë rrënjë xhenxhefili, e prerë

250 ml/8 ml oz/1 filxhan salcë soje

30 ml/2 lugë gjelle verë orizi ose sheri të thatë

30 ml/2 lugë sheqer kaf

5 ml/1 lugë çaji kripë

600ml/1pt/2½ gota ujë

100 g kërcell bambuje, të prera në feta

Ngroheni vajin dhe skuqni mishin e derrit derisa të marrë ngjyrë kafe. Kulloni vajin e tepërt, shtoni qepët, hudhrat dhe xhenxhefilin dhe skuqini për 2 minuta. Shtoni salcën e sojës, verën ose sherin, sheqerin dhe kripën dhe përziejini mirë. Shtoni ujin, lëreni të vlojë, mbulojeni dhe ziejini për 45 minuta. Shtoni filizat e bambusë, mbulojeni dhe ziejini për 20 minuta të tjera.

Mish derri i pjekur në skarë

Ju mbani 4

2 fileto derri
30 ml/2 lugë gjelle verë e kuqe
15 ml/1 lugë sheqer kaf
15 ml/1 lugë mjaltë
60 ml/4 lugë salcë soje
2,5 ml/½ lugë e vogël kanellë
10 ml/2 lugë gjelle ngjyrosje e kuqe ushqimore (opsionale)
1 thelpi hudhër, e shtypur
1 qepë (qepë), e prerë në copa të vogla

Vendoseni mishin në një tas. Përziejini të gjithë përbërësit e tjerë, derdhni sipër mishin e derrit dhe lëreni të marinohet për 2 orë duke i kthyer herë pas here. Kullojeni mishin dhe vendoseni në një raft në një tigan. Piqeni në furrë të parangrohur në 180°C/350°F/gaz 4 për rreth 45 minuta, duke e rrotulluar dhe lyer me marinadë gjatë gatimit. Shërbehet i prerë në feta të holla.

Mish derri dhe fasule me lakër

Ju mbani 4

225 g/8oz mish derri pa dhjamë, i prerë në feta
1 fetë rrënjë xhenxhefili, e prerë
30 ml/2 lugë salcë soje
15 ml/1 lugë gjelle verë orizi ose sheri të thatë
2.5 ml/½ lugë sheqer
450 g lakër fasule
45 ml/3 lugë vaj kikiriku (kikiriku).
2,5 ml/½ lugë çaji kripë

Hidhni mishin e derrit, xhenxhefilin, 15 ml/1 lugë gjelle salcë soje, verën ose sherin dhe sheqerin. Zbardhni filizat e fasules në ujë të vluar për 2 minuta dhe më pas kullojini. Ngroheni gjysmën e vajit dhe skuqni mishin e derrit për 3 minuta derisa të skuqet lehtë. Hiqeni nga tigani. Ngrohni vajin e mbetur dhe kaurdisni filizat e fasules me kripë për 1 minutë. Spërkateni me salcën e mbetur të sojës dhe skuqeni për një minutë tjetër. Kthejeni mishin e derrit në tigan dhe zjejini derisa të nxehet.

Pulë me kërcell bambuje

Ju mbani 4

45 ml/3 lugë vaj kikiriku (kikiriku).
1 thelpi hudhër, e shtypur
1 qepë (qepë), e grirë
1 fetë rrënjë xhenxhefili, e prerë
225 g gjoks pule, të prerë në copa
225g/8oz lastarë bambuje, të prera në copa
45 ml/3 lugë salcë soje
15 ml/1 lugë gjelle verë orizi ose sheri të thatë
5 ml/1 lugë çaji miell misri (niseshte misri)

Ngrohni vajin dhe kaurdisni hudhrat, qepën dhe xhenxhefilin derisa të skuqen lehtë. Shtoni pulën dhe skuqeni për 5 minuta. Shtoni lastarët e bambusë dhe skuqini për 2 minuta. Përzieni salcën e sojës, verën ose sherin dhe miellin e misrit dhe skuqeni për rreth 3 minuta derisa pula të gatuhet.

Proshutë në avull

6-8 racione

900 g/2 lbs proshutë të freskët
30 ml/2 lugë sheqer kaf
60 ml/4 lugë gjelle verë orizi ose sheri të thatë

Vendoseni proshutën në një enë rezistente ndaj nxehtësisë në një raft, mbulojeni dhe ziejini në ujë të vluar për rreth 1 orë. Shtoni sheqerin dhe verën ose sherin në tenxhere, mbulojeni dhe ziejini me avull për një orë të tjera ose derisa proshuta të jetë gatuar. Lëreni të ftohet në tas përpara se ta prisni në feta.

Proshutë me lakër

Ju mbani 4

4 feta proshutë me vija, të qëruara dhe të prera
2,5 ml/½ lugë çaji kripë
1 fetë rrënjë xhenxhefili, e prerë
½ lakër, e copëtuar
75 ml/5 lugë gjelle lëng pule
15 ml/1 lugë gjelle salcë deti

Skuqni proshutën derisa të bëhet krokante, më pas hiqeni nga tigani. Shtoni kripë dhe xhenxhefil dhe skuqeni për 2 minuta. Shtoni lakrën dhe përzieni mirë, më pas përzieni proshutën dhe shtoni lëngun, mbulojeni dhe gatuajeni për rreth 5 minuta derisa lakra të jetë e butë, por ende pak krokante. Shtoni salcën e gocave, mbulojeni dhe ziejini për 1 minutë përpara se ta shërbeni.

Pulë me bajame

Pjesët 4-6

375 ml/13 ml oz/1½ filxhan lëng pule

60 ml/4 lugë gjelle verë orizi ose sheri të thatë

45 ml/3 lugë miell misri (niseshte misri)

15 ml/1 lugë gjelle salcë soje

4 gjoks pule

1 e bardhe veze

2,5 ml/½ lugë çaji kripë

vajin e skuqur

75 g/3 oz/½ filxhan bajame të zbardhura

1 karotë e madhe, e prerë në kubikë

5 ml/1 lugë gjelle rrënjë xhenxhefili të grirë

6 qepë (qepë), të prera në feta

3 kërcell selino, të prera në feta

100 g kërpudha, të prera në feta

100 g kërcell bambuje, të prera në feta

Kombinoni lëngun, gjysmën e verës ose sherit, 30 ml/2 lugë niseshte misri dhe salcën e sojës në një tenxhere. Lëreni të vlojë duke e trazuar dhe më pas ziejini për 5 minuta derisa masa të trashet. Hiqeni nga zjarri dhe mbajeni të ngrohtë.

I hiqni lëkurën dhe kockat e pulës dhe e prisni në copa 2,5 cm. Përzieni verën ose sherin e mbetur dhe miellin e misrit, të bardhën e vezës dhe kripën, shtoni copat e pulës dhe përziejini mirë. Ngroheni vajin dhe skuqni copat e pulës nga pak për rreth 5 minuta derisa të marrin ngjyrë kafe. Kullojini mirë. Hiqni të gjithë, përveç 30 ml/2 lugë gjelle vaj nga tigani dhe skuqini bajamet për 2 minuta derisa të marrin ngjyrë kafe të artë. Kullojini mirë. Në tigan shtoni karotën dhe xhenxhefilin dhe skuqeni për 1 minutë. Shtoni perimet e mbetura dhe skuqini për rreth 3 minuta derisa perimet të jenë të buta, por ende të freskëta. Vendosim pulën dhe bajamet në tiganin me salcë dhe i trazojmë në zjarr mesatar për disa minuta derisa të nxehen.

Pulë me bajame dhe gështenja uji

Ju mbani 4

6 kërpudha të thata kineze
4 copa pule pa kocka
100 g/4oz bajame të bluara
kripë dhe piper i sapo bluar
60 ml/4 lugë vaj kikiriku (kikirikë).
100 g gështenja me ujë, të prera në feta
75 ml/5 lugë gjelle lëng pule
30 ml/2 lugë salcë soje

Thithni kërpudhat në ujë të ngrohtë për 30 minuta dhe më pas kullojini. Hidhni kërcellet dhe prisni kapakët. Pritini pulën në feta të holla. I rregullojmë me kripë dhe piper bajamet dhe i lyejmë fetat e pulës me bajame. Ngroheni vajin dhe skuqeni pulën derisa të skuqet lehtë. Shtoni kërpudhat, gështenjat e ujit, lëngun dhe salcën e sojës, lërini të ziejnë, mbulojeni dhe ziejini për disa minuta derisa pula të gatuhet.

Pulë me bajame dhe perime

Ju mbani 4

75 ml/5 lugë vaj kikiriku (kikirikë).
4 feta rrënjë xhenxhefili, të prera
5 ml/1 lugë çaji kripë
100 g lakër kineze, të copëtuar
50 g/2oz filiza bambuje, të prera në kubikë
50 gr kërpudha të prera në kubikë
2 bishta selino të prera në kubikë
3 gështenja uji, të prera në kubikë
120 ml/4 ml oz/½ filxhan lëng pule
225 g/8oz gjoks pule, të prerë në kubikë
15 ml/1 lugë gjelle verë orizi ose sheri të thatë
50 g/2oz bizele bore (bizele)
100 g thekon bajame të pjekura
10 ml/2 lugë miell misri (niseshte misri)
15 ml/1 lugë gjelle ujë

Ngrohim gjysmën e vajit dhe kaurdisim xhenxhefilin dhe kripën për 30 sekonda. Shtoni lakrën, lastarët e bambusë, kërpudhat, selinon dhe gështenjat e ujit dhe skuqini për 2 minuta. Shtoni lëngun, lëreni të vlojë, mbulojeni dhe ziejini për 2 minuta. Hiqni perimet dhe salcën nga tigani. Ngroheni vajin e mbetur dhe skuqeni pulën për 1 minutë. Shtoni verën ose sherin dhe skuqeni për 1 minutë. Kthejini perimet në tigan me bizelet e borës dhe bajamet dhe ziejini për 30 sekonda. Përzieni miellin e misrit dhe ujin në një pastë, bashkojeni me salcën dhe gatuajeni, duke e trazuar, derisa salca të trashet.

Pulë me anise

Ju mbani 4

75 ml/5 lugë vaj kikiriku (kikirikë).
2 qepë, të grira
1 thelpi hudhër, e grirë
2 feta rrënjë xhenxhefili, të prera
15 ml/1 lugë gjelle miell i thjeshtë (për të gjitha qëllimet).
30 ml/2 lugë gjelle pluhur kerri
450 g/1 paund pule, e prerë në kubikë
15 ml/1 lugë sheqer
30 ml/2 lugë salcë soje
450 ml/¾ për/2 gota supë pule
2 feta anise yll

225 g/8oz patate, të prera në kubikë

Ngrohni gjysmën e vajit dhe skuqni qepën derisa të marrë pak ngjyrë kafe, më pas e hiqni nga tigani. Ngrohni vajin e mbetur dhe kaurdisni hudhrën dhe xhenxhefilin për 30 sekonda. Hidhni miellin dhe pluhurin e kerit dhe gatuajeni për 2 minuta. Kthejeni qepën në tigan, shtoni pulën dhe skuqeni për 3 minuta. Shtoni sheqerin, salcën e sojës, lëngun dhe aniseun, lërini të vlojnë, mbulojeni dhe ziejini për 15 minuta. Shtoni patatet, kthejini të ziejnë, mbulojeni dhe ziejini edhe për 20 minuta të tjera derisa të zbuten.

Pulë me kajsi

Ju mbani 4

4 copa pule
kripë dhe piper i sapo bluar
një majë xhenxhefili të bluar
60 ml/4 lugë vaj kikiriku (kikirikë).
225 g kajsi të konservuara, të përgjysmuara
300 ml/½ pt/1¼ filxhani salcë e ëmbël dhe e thartë
30 ml/2 lugë gjelle thekon bajame të thekura

E rregullojmë pulën me kripë, piper dhe xhenxhefil. Ngroheni vajin dhe skuqeni pulën derisa të skuqet lehtë. Mbulojeni dhe gatuajeni për rreth 20 minuta derisa të zbuten, duke e kthyer herë pas here. Kullojeni vajin. Shtoni kajsitë dhe salsën në tigan, lërini të ziejnë, mbulojeni dhe ziejini për rreth 5 minuta ose derisa të nxehen. Dekoroni me thekon bajamesh.

Pulë me asparagus

Ju mbani 4

45 ml/3 lugë vaj kikiriku (kikiriku).
5 ml/1 lugë çaji kripë
1 thelpi hudhër, e shtypur
1 qepë (qepë), e grirë
1 gjoks pule, i prerë në feta
30 ml/2 lugë gjelle salcë fasule të zezë
350 g shparg të prerë në copa 2,5 cm
120 ml/4 ml oz/½ filxhan lëng pule
5 ml/1 lugë çaji sheqer
15 ml/1 lugë gjelle miell misri (niseshte misri)
45 ml/3 lugë ujë

Ngrohni gjysmën e vajit dhe skuqni kripën, hudhrën dhe qepët derisa të marrin ngjyrë kafe. Shtoni pulën dhe skuqeni derisa të marrë një ngjyrë të lehtë. Shtoni salcën e fasules së zezë dhe hidheni të lyhet me pulën. Shtoni shpargujt, lëngun dhe sheqerin, lërini të vlojnë, mbulojeni dhe ziejini për 5 minuta derisa pula të zbutet. Përzieni miellin e misrit dhe ujin në një pastë, përzieni në tigan dhe gatuajeni, duke e trazuar, derisa salca të pastrohet dhe të trashet.

Pulë patëllxhan

Ju mbani 4

225 g/8oz pulë, e prerë në feta
15 ml/1 lugë gjelle salcë soje
15 ml/1 lugë gjelle verë orizi ose sheri të thatë
15 ml/1 lugë gjelle miell misri (niseshte misri)
1 patëllxhan (patëllxhan), të qëruar dhe të prerë në rripa
30 ml/2 lugë vaj kikiriku (kikiriku).
2 speca djegës të kuq të tharë
2 thelpinj hudhre, te grira
75 ml/5 lugë gjelle lëng pule

Vendoseni pulën në një tas. Përzieni salcën e sojës, verën ose sherin dhe niseshtenë e misrit, përzieni pulën dhe lëreni të qëndrojë për 30 minuta. Ziejini patëllxhanët në ujë të vluar për 3 minuta dhe më pas kullojini mirë. Ngrohni vajin dhe skuqni specat derisa të errësohen, më pas hiqini dhe hidhni. Shtoni hudhrën dhe pulën dhe skuqni derisa të marrin ngjyrë të lehtë. Shtoni lëngun dhe patëllxhanin, lëreni të vlojë, mbulojeni dhe ziejini për 3 minuta, duke i përzier herë pas here.

Pulë e mbështjellë me proshutë

Pjesët 4-6

225 g/8oz pulë, e prerë në kubikë

30 ml/2 lugë salcë soje

15 ml/1 lugë gjelle verë orizi ose sheri të thatë

5 ml/1 lugë çaji sheqer

5 ml/1 lugë çaji vaj susami

kripë dhe piper i sapo bluar

225 g/8 oz feta proshutë

1 vezë e rrahur lehtë

100 g miell i thjeshtë (për të gjitha qëllimet).

vajin e skuqur

4 domate, të prera në feta

Përziejmë pulën me salcën e sojës, verën ose sherin, sheqerin, vajin e susamit, kripën dhe piperin. Mbulojeni dhe marinoni për 1 orë, duke e përzier herë pas here, më pas hiqni pulën dhe hidhni marinadën. Prisni proshutën në copa të vogla dhe mbështilleni rreth kubeve të pulës. Rrihni vezët me miellin derisa të fitoni një brumë të trashë, duke shtuar pak qumësht nëse është e nevojshme. Zhytni kubet në brumë. Ngrohni vajin dhe skuqni kubet derisa të marrin ngjyrë kafe dhe të gatuhen. Shërbehen të zbukuruara me domate qershi.

Pulë me lakër fasule

Ju mbani 4

45 ml/3 lugë vaj kikiriku (kikiriku).
1 thelpi hudhër, e shtypur
1 qepë (qepë), e grirë
1 fetë rrënjë xhenxhefili, e prerë
225 g gjoks pule, të prerë në copa
225 g/8 oz lakër fasule
45 ml/3 lugë salcë soje
15 ml/1 lugë gjelle verë orizi ose sheri të thatë
5 ml/1 lugë çaji miell misri (niseshte misri)

Ngrohni vajin dhe kaurdisni hudhrat, qepën dhe xhenxhefilin derisa të skuqen lehtë. Shtoni pulën dhe skuqeni për 5 minuta. Shtoni filizat e fasules dhe skuqini për 2 minuta. Përzieni salcën e sojës, verën ose sherin dhe miellin e misrit dhe skuqeni për rreth 3 minuta derisa pula të gatuhet.

Pulë me salcë fasule të zezë

Ju mbani 4

30 ml/2 lugë vaj kikiriku (kikiriku).

5 ml/1 lugë çaji kripë

30 ml/2 lugë gjelle salcë fasule të zezë

2 thelpinj hudhre, te grira

450 g/1 paund pule, e prerë në kubikë

250 ml/8 ml oz/1 filxhan lëng mishi

1 spec jeshil, i prerë në kubikë

1 qepë, e grirë

15 ml/1 lugë gjelle salcë soje

piper i sapo bluar

15 ml/1 lugë gjelle miell misri (niseshte misri)

45 ml/3 lugë ujë

Ngrohim vajin dhe kaurdisim kripën, fasulet e zeza dhe hudhrën për 30 sekonda. Shtoni pulën dhe skuqeni derisa të skuqet lehtë. Shtoni lëngun, lëreni të vlojë, mbulojeni dhe ziejini për 10 minuta. Shtoni piper zile, qepën, salcën e sojës dhe piperin, mbulojeni dhe ziejini për 10 minuta të tjera. Përzieni miellin e misrit dhe ujin në një pastë, bashkojeni me salcën dhe gatuajeni, duke e trazuar, derisa salca të trashet dhe mishi i pulës të jetë i butë.

Pulë me brokoli

Ju mbani 4

450 g/1 paund pule, e prerë në kubikë
225 g mëlçi pule
45 ml/3 lugë gjelle miell i thjeshtë (për të gjitha qëllimet).
45 ml/3 lugë vaj kikiriku (kikiriku).
1 qepë e prerë në kubikë
1 spec i kuq zile, i prerë në kubikë
1 spec jeshil, i prerë në kubikë
225 g lule brokoli
4 feta ananasi, të prera në kubikë
30 ml/2 lugë gjelle pure domate (pastë)
30 ml/2 lugë salcë hoisin
30 ml/2 lugë mjaltë
30 ml/2 lugë salcë soje
300 ml/½ lugë/1 ¼ filxhan lëng pule
10 ml/2 lugë vaj susami

Lyejeni pulën dhe mëlçitë e pulës në miell. Ngrohni vajin dhe skuqni mëlçinë për 5 minuta, më pas hiqeni nga tigani. Shtoni pulën, mbulojeni dhe ziejini në zjarr mesatar për 15 minuta, duke e përzier herë pas here. Shtoni perimet dhe ananasin dhe skuqini për 8 minuta. Hidhni mëlçitë e pulës në wok, shtoni përbërësit e tjerë dhe lërini të ziejnë. Zieni duke e trazuar derisa salca të trashet.

Pulë me lakër dhe kikirikë

Ju mbani 4

45 ml/3 lugë vaj kikiriku (kikiriku).
30 ml/2 lugë gjelle kikirikë
450 g/1 paund pule, e prerë në kubikë
½ lakër, të prerë në katrorë
15 ml/1 lugë gjelle salcë fasule të zezë
2 speca djegës të kuq, të copëtuara
5 ml/1 lugë çaji kripë

Ngroheni pak vaj dhe skuqni lajthitë për disa minuta duke i përzier vazhdimisht. Hiqeni, kullojeni më pas bëjeni pure. Ngrohni vajin e mbetur dhe skuqni pulën dhe lakrën derisa të skuqen lehtë. Hiqeni nga tigani. Shtoni salcën e fasules së zezë dhe djegësin dhe skuqeni për 2 minuta. Kthejeni pulën dhe lakrën në tigan me kikirikët e grirë dhe i rregulloni me kripë. Skuqini derisa të nxehet, më pas shërbejeni menjëherë.

Pulë shqeme

Ju mbani 4

30 ml/2 lugë salcë soje

30 ml/2 lugë miell misri (niseshte misri)

15 ml/1 lugë gjelle verë orizi ose sheri të thatë

350 g/12oz pulë, e prerë në kubikë

45 ml/3 lugë vaj kikiriku (kikiriku).

2,5 ml/½ lugë çaji kripë

2 thelpinj hudhre, te grira

225 g kërpudha të prera në feta

100 g gështenja me ujë, të prera në feta

100g/4oz fidane bambuje

50 g/2oz bizele bore (bizele)

225 g/8 oz/2 filxhanë shqeme

300 ml/½ lugë/1 ¼ filxhan lëng pule

Përziejmë salcën e sojës, niseshtenë e misrit dhe verën ose sherin, e hedhim sipër pulës, e mbulojmë dhe e marinojmë për të paktën 1 orë. Ngroheni 30 ml/2 lugë vaj me kripë dhe hudhër dhe skuqeni derisa hudhra të skuqet lehtë. Shtoni pulën me marinadën dhe skuqeni për 2 minuta derisa pula të skuqet lehtë. Shtoni kërpudhat, gështenjat e ujit, lastarët e bambusë dhe bizelet e borës dhe skuqini për 2 minuta. Ndërkohë, ngrohni vajin e mbetur në një tigan të veçantë dhe skuqni shqemet në zjarr të ulët për disa minuta derisa të marrin ngjyrë kafe të artë. I shtojmë në tenxhere, i lëmë të vlojnë, i mbulojmë dhe i ziejmë për 5 minuta. Nëse salca nuk është trashur sa duhet,

Pulë me gështenja

Ju mbani 4

225 g/8oz pulë, e prerë në feta

5 ml/1 lugë çaji kripë

15 ml/1 lugë gjelle salcë soje

vajin e skuqur

250 ml/8 ml oz/1 filxhan lëng pule

200 gr gështenja me ujë, të grira

225 gr gështenja të grira

225 g kërpudha të prera në katër pjesë

15 ml/1 lugë gjelle majdanoz të freskët të grirë

Spërkateni pulën me kripë dhe salcë soje dhe fërkojeni mirë pulën. Ngroheni vajin dhe skuqeni pulën derisa të skuqet, më pas hiqeni dhe kullojeni. Vendoseni pulën në një tigan me lëng mishi, lëreni të vlojë dhe ziejini për 5 minuta. Shtoni gështenjat me ujë, gështenjat dhe kërpudhat, mbulojeni dhe ziejini për rreth 20 minuta derisa të zbuten. Shërbehen të zbukuruara me majdanoz.

Pulë djegëse pikante

Ju mbani 4

350 g/1 lb pule, e prerë në kubikë

1 vezë e rrahur lehtë

10 ml/2 lugë çaji salcë soje

2,5 ml/½ lugë miell misri (miseshte misri)

vajin e skuqur

1 spec jeshil, i prerë në kubikë

4 thelpinj hudhre, te grira

2 speca djegës të kuq, të copëtuara

5 ml/1 lugë çaji piper i sapo bluar

5 ml/1 lugë çaji uthull vere

5 ml/1 lugë çaji ujë

2.5 ml/½ lugë sheqer

2,5 ml/½ lugë çaji vaj djegës

2,5 ml/½ lugë vaj susami

Përzieni pulën me vezën, gjysmën e salcës së sojës dhe niseshtën e misrit dhe lëreni për 30 minuta. Ngrohni vajin dhe skuqeni pulën derisa të marrë ngjyrë, më pas kullojeni mirë. Hidhni të gjitha, përveç 15 ml/1 lugë gjelle vaj nga tigani, shtoni piper, hudhrën dhe specat e kuq dhe skuqini për 30 sekonda. Shtoni piper, uthullën e verës, ujin dhe sheqerin dhe skuqeni për 30 sekonda. Kthejeni pulën në tigan dhe skuqeni për disa minuta derisa të gatuhet. Shërbehet i spërkatur me djegës dhe vaj susami.

Pulë e skuqur me djegës

Ju mbani 4

225 g/8oz pulë, e prerë në feta

2,5 ml/½ lugë çaji salcë soje

2,5 ml/½ lugë vaj susami

2.5 ml/½ lugë çaji verë orizi ose sheri të thatë

5 ml/1 lugë çaji miell misri (niseshte misri)

kripë

45 ml/3 lugë vaj kikiriku (kikiriku).

100 g/4 oz spinaq

4 qepë (qepë), të grira

2,5 ml/½ lugë çaji pluhur djegës

15 ml/1 lugë gjelle ujë

1 domate e prerë në feta

Përzieni pulën me salcën e sojës, vajin e susamit, verën ose sherin, gjysmën e niseshtës së misrit dhe pak kripë. Lëreni të pushojë për 30 minuta. Ngrohni 15 ml/1 lugë gjelle vaj dhe skuqni pulën derisa të skuqet lehtë. Hiqeni nga wok. Ngrohni 15 ml/1 lugë gjelle vaj dhe kaurdisni spinaqin derisa të thahet, më pas hiqeni nga wok. Ngrohni vajin e mbetur dhe skuqni qepën, djegësin pluhur, ujin dhe niseshtenë e mbetur të misrit për 2 minuta. Përzieni pulën dhe skuqeni shpejt. E vendosim spinaqin në një pjatë të ngrohur, sipër e rregullojmë pulën dhe e shërbejmë të zbukuruar me domate.

pulë kineze

Ju mbani 4

100 g gjethe kineze, të prera
100 g lastarë bambuje, të prera në rripa
60 ml/4 lugë vaj kikiriku (kikirikë).
3 qepë (qepë), të prera në feta
2 thelpinj hudhre, te grira
1 fetë rrënjë xhenxhefili, e prerë

225 g gjoks pule, të prerë në rripa

45 ml/3 lugë salcë soje

15 ml/1 lugë gjelle verë orizi ose sheri të thatë

5 ml/1 lugë çaji kripë

2.5 ml/½ lugë sheqer

piper i sapo bluar

15 ml/1 lugë gjelle miell misri (niseshte misri)

Zbardhni gjethet kineze dhe lastarët e bambusë në ujë të vluar për 2 minuta. Kullojeni dhe thajeni. Ngrohni 45 ml/3 lugë vaj dhe kaurdisni qepën, hudhrën dhe xhenxhefilin derisa të skuqen lehtë. Shtoni pulën dhe skuqeni për 4 minuta. Hiqeni nga tigani. Ngrohni vajin e mbetur dhe kaurdisni perimet për 3 minuta. Shtoni mishin e pulës, salcën e sojës, verën ose sherin, kripën, sheqerin dhe një majë piper dhe skuqini për 1 minutë. Përziejmë niseshtën e misrit me pak ujë, e shtojmë në salcë dhe e kaurdisim duke e trazuar derisa salca të pastrohet dhe të trashet.

Chicken Chow Mein

Ju mbani 4

30 ml/2 lugë vaj kikiriku (kikiriku).

2 thelpinj hudhre, te grira

450 g/1 lb pule, e prerë në feta

225g/8oz fidane bambuje, të prera në feta

100 g/4oz selino, e prerë në feta

225 g kërpudha të prera në feta

450 ml/¾ për/2 gota supë pule

225 g/8 oz lakër fasule

4 qepë, të prera në feta

30 ml/2 lugë salcë soje

30 ml/2 lugë miell misri (niseshte misri)

225g/8oz Petë të thata kineze

Ngroheni vajin me hudhrën derisa të marrin ngjyrë, më pas shtoni pulën dhe skuqeni për 2 minuta derisa të skuqet. Shtoni lastarët e bambusë, selinon dhe kërpudhat dhe skuqini për 3 minuta. Shtoni pjesën më të madhe të lëngut, lëreni të vlojë, mbulojeni dhe ziejini për 8 minuta. Shtoni filizat e fasules dhe qepën dhe ziejini për 2 minuta, duke e trazuar, derisa të mbetet vetëm pak lëng. Përzieni lëngun e mbetur me salcën e sojës dhe niseshte misri. I trazojmë në tigan dhe i gatuajmë duke e trazuar derisa salca të pastrohet dhe të trashet.

Ndërkohë ziejini tagliatelat në ujë me kripë të vluar për disa minuta sipas udhëzimeve të paketimit. Kullojeni mirë, më pas përzieni me masën e pulës dhe shërbejeni menjëherë.

Pulë e skuqur me erëza

Ju mbani 4

450 g/1 lb pule, e prerë në copa
30 ml/2 lugë salcë soje
30 ml/2 lugë salcë kumbulle
45 ml/3 lugë çatni mango
1 thelpi hudhër, e shtypur
2.5 ml/½ lugë e vogël xhenxhefil të bluar
disa pika konjak

30 ml/2 lugë miell misri (niseshte misri)
2 vezë të rrahura
100 g/4 oz/1 filxhan bukë të thatë
30 ml/2 lugë vaj kikiriku (kikiriku).
6 qepë (qepë), të grira
1 spec i kuq zile, i prerë në kubikë
1 spec jeshil, i prerë në kubikë
30 ml/2 lugë salcë soje
30 ml/2 lugë mjaltë
30 ml/2 lugë gjelle uthull vere

Vendoseni pulën në një tas. Përziejmë salcat, chutney-n, hudhrën, xhenxhefilin dhe rakinë, i hedhim sipër pulës, e mbulojmë dhe e lëmë të marinohet për 2 orë. Kullojeni pulën dhe spërkatni me miell misri. Mbulohet me vezë dhe më pas me thërrime buke. Ngroheni vajin dhe skuqeni pulën derisa të skuqet. Hiqeni nga tigani. Shtoni perimet dhe skuqini për 4 minuta, më pas hiqini. Kullojmë vajin nga tigani, më pas kthejmë pulën dhe perimet në tigan me përbërësit e tjerë. Lëreni të ziejë dhe ngroheni përsëri përpara se ta shërbeni.

Pulë e skuqur me tranguj

Ju mbani 4

225 g/8 oz pule

1 e bardhe veze

2,5 ml/½ lugë miell misri (miseshte misri)

kripë

½ kastravec

30 ml/2 lugë vaj kikiriku (kikiriku).

100 g kërpudha

50 g fidane bambuje, të prera në shirita

50 g/2oz proshutë, të prerë në kubikë

15 ml/1 lugë gjelle ujë

2,5 ml/½ lugë çaji kripë

2.5 ml/½ lugë çaji verë orizi ose sheri të thatë

2,5 ml/½ lugë vaj susami

Pritini pulën në feta dhe prisni në copa të vogla. Përziejini me të bardhën e vezës, niseshtenë e misrit dhe kripën dhe lëreni të pushojë. Presim kastravecin për së gjati dhe e presim diagonalisht në feta të trasha. Ngrohni vajin dhe skuqeni pulën derisa të skuqet lehtë dhe më pas e hiqni nga tigani. Shtoni lastarët e kastravecit dhe bambusë dhe skuqini për 1 minutë. Vendoseni përsëri pulën në tigan me proshutë, ujë, kripë dhe verë ose sheri. Lëreni të ziejë dhe gatuajeni derisa pula të zbutet. Shërbehet i spërkatur me vaj susami.

Curry pule djegëse

Ju mbani 4

120 ml/4 ml oz/½ filxhan vaj kikiriku (kikiriku).
4 copa pule
1 qepë, e grirë
5 ml/1 lugë çaji pluhur kerri
5 ml/1 lugë çaji salcë djegëse
15 ml/1 lugë gjelle verë orizi ose sheri të thatë
2,5 ml/½ lugë çaji kripë
600ml/1pc/2½ filxhan lëng pule

15 ml/1 lugë gjelle miell misri (niseshte misri)
45 ml/3 lugë ujë
5 ml/1 lugë çaji vaj susami

Ngroheni vajin dhe skuqni copat e pulës derisa të marrin ngjyrë kafe nga të dyja anët, më pas i hiqni nga tigani. Shtoni qepën, pluhurin e kerit dhe salcën me spec djegës dhe skuqeni për 1 minutë. Shtojmë verën ose sherin dhe kripën, i përziejmë mirë, më pas e kthejmë pulën në tigan dhe e përziejmë sërish. Shtoni lëngun, lëreni të ziejë dhe ziejini për rreth 30 minuta derisa pula të zbutet. Nëse salca nuk është pakësuar mjaftueshëm, përzieni miellin e misrit dhe ujin në një masë, shtoni pak në salcë dhe gatuajeni, duke e trazuar, derisa salca të trashet. Shërbehet i spërkatur me vaj susami.

Kari kinez i pulës

Ju mbani 4

45 ml/3 lugë gjelle pluhur kerri
1 qepë, e prerë në feta
350 g/12oz pulë, e prerë në kubikë
150 ml/¼ pt/½ filxhan lëng pule
5 ml/1 lugë çaji kripë
10 ml/2 lugë miell misri (niseshte misri)
15 ml/1 lugë gjelle ujë

Ngrohni pluhurin e karrit dhe qepën në një tigan të thatë për 2 minuta, duke rrotulluar tiganin për të mbuluar qepën. Shtoni pulën dhe përzieni derisa të lyhet mirë me pluhurin e kerit. Shtoni lëngun dhe kripën, lëreni të vlojë, mbulojeni dhe ziejini për rreth 5 minuta derisa pula të zbutet. Përzieni miellin e misrit dhe ujin në një pastë, përzieni në tigan dhe gatuajeni, duke e trazuar, derisa salca të trashet.

Curry i shpejtë i pulës

Ju mbani 4

450 g/1 lb gjoks pule, të prerë në kubikë
45 ml/3 lugë gjelle verë orizi ose sheri të thatë
50 g/2 oz miell misri (miseshte misri)
1 e bardhe veze
kripë
150 ml/¼ pt/½ filxhan vaj kikiriku (kikiriku) të grumbulluar.
15 ml/1 lugë gjelle pluhur kerri

10 ml/2 lugë çaji sheqer kaf

150 ml/¼ pt/½ filxhan lëng pule

Hidhni kubet e pulës dhe sherin. Lini mënjanë 10 ml/2 lugë niseshte misri. Rrahim të bardhën e vezës me misrin e mbetur dhe pak kripë, më pas përziejmë pulën derisa të lyhet mirë. Ngroheni vajin dhe skuqeni pulën derisa të gatuhet dhe të skuqet. Hiqeni nga tigani dhe kulloni të gjithë, përveç 15 ml/1 lugë gjelle vaj. Përzieni miellin e rezervuar të misrit, pluhurin e kerit dhe sheqerin dhe skuqeni për 1 minutë. Hidhni lëngun, lëreni të vlojë dhe gatuajeni, duke e përzier vazhdimisht, derisa salca të trashet. Kthejeni pulën në tigan, përzieni dhe ngroheni përsëri përpara se ta shërbeni.

Kari pule me patate

Ju mbani 4

45 ml/3 lugë vaj kikiriku (kikiriku).

2,5 ml/½ lugë çaji kripë

1 thelpi hudhër, e shtypur

750 g/1½ lb pule, e prerë në kubikë

225 g/8oz patate, të prera në kubikë

4 qepë, të prera në feta

15 ml/1 lugë gjelle pluhur kerri

450 ml/¾ për/2 gota supë pule

225 g kërpudha të prera në feta

Ngroheni vajin me kripë dhe hudhër, shtoni pulën dhe skuqeni derisa të skuqet. Shtoni patatet, qepën dhe pluhurin e kerit dhe skuqini për 2 minuta. Shtoni lëngun, lëreni të vlojë, mbulojeni dhe ziejini për rreth 20 minuta derisa mishi i pulës të jetë gatuar, duke e përzier herë pas here. Shtoni kërpudhat, hiqni kapakun dhe ziejini për 10 minuta të tjera derisa të pakësohet lëngu.

Kofshët e pulës së skuqur

Ju mbani 4

2 kofshë të mëdha pule, pa kocka

2 qepë (qepë)

1 fetë xhenxhefil, të rrahur

120 ml/4 ml oz/½ filxhan salcë soje

5 ml/1 lugë çaji verë orizi ose sheri të thatë

vajin e skuqur

5 ml/1 lugë çaji vaj susami

piper i sapo bluar

Hapeni pulën dhe përhapeni në të gjithë. Rrahim 1 qepë dhe tjetrën e presim. Përzieni qepën e pjekur me xhenxhefil, salcën e sojës dhe verën ose sherin. Hidhni sipër pulën dhe lëreni të marinohet për 30 minuta. Hiqeni dhe kulloni. Vendoseni në një pjatë në një raft teli dhe ziejini me avull për 20 minuta.

Ngroheni vajin dhe skuqeni pulën për rreth 5 minuta derisa të skuqet. I heqim nga tava, i kullojmë mirë dhe i presim në feta të trasha, më pas i rregullojmë fetat në një pjatë servirjeje të ngrohur. Ngrohni vajin e susamit, shtoni qepën e grirë dhe piperin e grirë, derdhni sipër pulës dhe shërbejeni.

Pulë e skuqur me salcë kerri

Ju mbani 4

1 vezë e rrahur lehtë
30 ml/2 lugë miell misri (niseshte misri)
25 g/1 oz/¼ filxhan miell të thjeshtë (për të gjitha qëllimet).
2,5 ml/½ lugë çaji kripë
225 g/8oz pulë, e prerë në kubikë
vajin e skuqur
30 ml/2 lugë vaj kikiriku (kikiriku).
30 ml/2 lugë gjelle pluhur kerri
60 ml/4 lugë gjelle verë orizi ose sheri të thatë

Rrihni vezën me niseshtenë, miellin dhe kripën derisa të përftoni një brumë të trashë. Hidhni sipër mishin e pulës dhe hidheni mirë të lyhet. Ngroheni vajin dhe skuqeni pulën derisa të skuqet dhe të gatuhet. Ndërkohë ngrohim vajin dhe skuqim pluhurin e kerit për 1 minutë. Përzieni verën ose sherin dhe lëreni të vlojë. Vendoseni pulën në një pjatë të nxehtë dhe derdhni mbi të salcën e kerit.

pulë e dehur

Ju mbani 4

450 g/1 lb fileto pule, e prerë në copa
60 ml/4 lugë salcë soje
30 ml/2 lugë salcë hoisin
30 ml/2 lugë salcë kumbulle
30 ml/2 lugë gjelle uthull vere
2 thelpinj hudhre, te grira
majë kripë
disa pika vaj piper djegës
2 te bardha veze
60 ml/4 lugë miell misri (niseshte misri)

vajin e skuqur

200 ml/½ pt/1 ¼ filxhan verë orizi ose sheri të thatë

Vendoseni pulën në një tas. Përziejmë salcat dhe uthullën e verës, hudhrën, kripën dhe vajin djegës, i hedhim sipër pulës dhe e marinojmë në frigorifer për 4 orë. Rrihni të bardhat e vezëve në një shkumë dhe shtoni niseshtenë e misrit. Hiqeni pulën nga marinada dhe mbulojeni me përzierjen e të bardhës së vezës. Ngroheni vajin dhe skuqeni pulën derisa të gatuhet dhe të skuqet. I kullojmë mirë në letër kuzhine dhe i vendosim në një enë. Hidhni sipër verën ose sherin, mbulojeni dhe marinoni në frigorifer për 12 orë. Hiqeni pulën nga vera dhe shërbejeni të ftohur.

Pulë e kripur me vezë

Ju mbani 4

30 ml/2 lugë vaj kikiriku (kikiriku).

4 copa pule

2 qepë (qepë), të grira

1 thelpi hudhër, e shtypur
1 fetë rrënjë xhenxhefili, e prerë
175 ml/6 ml oz/¾ filxhan salcë soje
30 ml/2 lugë gjelle verë orizi ose sheri të thatë
30 ml/2 lugë sheqer kaf
5 ml/1 lugë çaji kripë
375 ml/13 ml ons/1½ filxhan ujë
4 vezë të ziera (të ziera).
15 ml/1 lugë gjelle miell misri (niseshte misri)

Ngrohni vajin dhe skuqni copat e pulës deri në kafe. Shtoni qepën, hudhrën dhe xhenxhefilin dhe skuqini për 2 minuta. Shtoni salcën e sojës, verën ose sherin, sheqerin dhe kripën dhe përziejini mirë. Shtoni ujin dhe lëreni të vlojë, mbulojeni dhe ziejini për 20 minuta. Shtoni vezët e ziera fort, mbulojeni dhe ziejini për 15 minuta të tjera. Përziejmë niseshtën e misrit me pak ujë, e shtojmë në salcë dhe e kaurdisim duke e trazuar derisa salca të pastrohet dhe të trashet.

Rrotullat e vezëve të pulës

Ju mbani 4

4 kërpudha të thata kineze

100 g/4oz pulë, e prerë në rripa

5 ml/1 lugë çaji miell misri (niseshte misri)

15 ml/1 lugë gjelle salcë soje

2,5 ml/½ lugë çaji kripë

2.5 ml/½ lugë sheqer

60 ml/4 lugë vaj kikiriku (kikirikë).

225 g/8 oz lakër fasule

3 qepë (qepë), të grira

100 g/4 oz spinaq

12 rrotulla me vezë

1 vezë e rrahur

vajin e skuqur

Thithni kërpudhat në ujë të ngrohtë për 30 minuta dhe më pas kullojini. Hidhni kërcellet dhe prisni kapakët. Vendoseni pulën në një tas. Përzieni miellin e misrit me 5 ml/1 lugë salcë soje, kripë dhe sheqer dhe përzieni pulën. Lëreni të pushojë për 15 minuta. Ngrohni gjysmën e vajit dhe skuqni pulën derisa të skuqet lehtë. Zbardhni filizat e fasules në ujë të vluar për 3 minuta dhe më pas kullojini. Ngrohni vajin e mbetur dhe skuqni qepën deri sa të skuqet lehtë. Përzieni kërpudhat, lakër fasule, spinaq dhe salcën e mbetur të sojës. Shtoni pulën dhe skuqeni për 2 minuta. Lëreni të ftohet. Vendosni pak mbushje në qendër të secilës lëvozhgë dhe lyeni skajet me vezë të rrahur. Palosni anët dhe më pas rrotulloni roletë, duke i mbyllur skajet me vezë. Ngrohni vajin dhe skuqni rolet derisa të bëhen krokante dhe të artë.

Pulë e zier me vezë

Ju mbani 4

30 ml/2 lugë vaj kikiriku (kikiriku).

4 fileto gjoks pule, të prera në rripa

1 spec i kuq zile, i prerë në rripa

1 spec jeshil, i prere ne rripa

45 ml/3 lugë salcë soje

45 ml/3 lugë gjelle verë orizi ose sheri të thatë

250 ml/8 ml oz/1 filxhan lëng pule

100 g marule ajsberg, të prera

5 ml/1 lugë çaji sheqer kaf

30 ml/2 lugë salcë hoisin

kripë dhe piper

15 ml/1 lugë gjelle miell misri (niseshte misri)

30 ml/2 lugë ujë

4 vezë

30 ml/2 lugë sheri

Ngrohni vajin dhe skuqni pulën dhe specat derisa të marrin ngjyrë kafe. Shtoni salcën e sojës, verën ose sherin dhe lëngun, lëreni të vlojë, mbulojeni dhe ziejini për 30 minuta. Shtoni marulen, sheqerin dhe salcën hoisin dhe i rregulloni me kripë dhe piper. Përzieni miellin e misrit dhe ujin, shtoni në salcë dhe lëreni të vlojë duke e përzier. Vezët rrihen me sheri dhe skuqen si omëletë të holla. I spërkasim me kripë dhe piper dhe i presim në rripa. I rregullojmë në një enë servirjeje të ngrohur dhe i hedhim sipër pulës.

Pulë nga Lindja e Largët

Ju mbani 4

60 ml/4 lugë vaj kikiriku (kikirikë).

450 g/1 lb pule, e prerë në copa

2 thelpinj hudhre, te grira

2,5 ml/½ lugë çaji kripë

2 qepë, të grira

2 copa kërcell xhenxhefili, të prera

45 ml/3 lugë salcë soje

30 ml/2 lugë salcë hoisin

45 ml/3 lugë gjelle verë orizi ose sheri të thatë

300 ml/½ lugë/1¼ filxhan lëng pule

5 ml/1 lugë çaji piper i sapo bluar

6 vezë të ziera (të ziera), të grira

15 ml/1 lugë gjelle miell misri (niseshte misri)
15 ml/1 lugë gjelle ujë

Ngroheni vajin dhe skuqeni pulën derisa të skuqet. Shtoni hudhrën, kripën, qepën dhe xhenxhefilin dhe skuqini për 2 minuta. Shtoni salcën e sojës, salcën hoisin, verën ose sherin, lëngun dhe piperin. Lëreni të vlojë, mbulojeni dhe ziejini për 30 minuta. Shtoni vezët. Përzieni miellin e misrit dhe ujin dhe përzieni në salcë. Lëreni të vlojë dhe gatuajeni duke e trazuar derisa salca të trashet.

Pule Foo Yung

Ju mbani 4

6 vezë të rrahura
45 ml/3 lugë miell misri (niseshte misri)
100 gr kërpudha, të grira trashë
225 g/8oz gjoks pule, të prerë në kubikë
1 qepë, e grirë hollë
5 ml/1 lugë çaji kripë
45 ml/3 lugë vaj kikiriku (kikiriku).

Rrihni vezët dhe më pas shtoni niseshtën e misrit. Përziejini të gjithë përbërësit e tjerë përveç vajit. Ngrohni vajin. Masën e derdhim në tepsi, nga pak, për të formuar petulla me diametër rreth 7.5 cm. Gatuani derisa pjesa e poshtme të marrë ngjyrë kafe të artë, më pas kthejeni dhe gatuajeni anën tjetër.

Proshutë dhe pulë Foo Yung

Ju mbani 4

6 vezë të rrahura
45 ml/3 lugë miell misri (niseshte misri)
100 g/4oz proshutë, të prerë në kubikë
225 g/8oz gjoks pule, të prerë në kubikë
3 qepë (qepë), të grira hollë
5 ml/1 lugë çaji kripë
45 ml/3 lugë vaj kikiriku (kikiriku).

Rrihni vezët dhe më pas shtoni niseshtën e misrit. Përziejini të gjithë përbërësit e tjerë përveç vajit. Ngrohni vajin. Masën e derdhim në tepsi, nga pak, për të formuar petulla me diametër rreth 7.5 cm. Gatuani derisa pjesa e poshtme të marrë ngjyrë kafe të artë, më pas kthejeni dhe gatuajeni anën tjetër.

Pulë e skuqur me xhenxhefil

Ju mbani 4

1 pulë e prerë në gjysmë
4 feta rrënjë xhenxhefili, të grimcuara
30 ml/2 lugë gjelle verë orizi ose sheri të thatë
30 ml/2 lugë salcë soje
5 ml/1 lugë çaji sheqer
vajin e skuqur

Vendoseni pulën në një tas të cekët. Përzieni xhenxhefilin, verën ose sherin, salcën e sojës dhe sheqerin, hidheni sipër pulës dhe fërkojeni në lëkurë. Lëreni të marinohet për 1 orë. Ngrohni vajin dhe skuqni pulën gjysmë nga një, derisa të marrë një ngjyrë të lehtë. Hiqeni nga vaji dhe lëreni të ftohet pak ndërsa ngrohni vajin. Kthejeni pulën në tigan dhe skuqeni derisa të skuqet dhe të gatuhet. Kullojini mirë përpara se ta shërbeni.

Pulë me xhenxhefil

Ju mbani 4

225 g/8 oz pulë, e prerë në feta hollë

1 e bardhe veze

majë kripë

2,5 ml/½ lugë miell misri (miseshte misri)

15 ml/1 lugë vaj kikiriku (kikirikë).

10 feta rrënjë xhenxhefili

6 kërpudha të prera në gjysmë

1 karotë, e prerë në feta

2 qepë (qepë), të prera në feta

5 ml/1 lugë çaji verë orizi ose sheri të thatë
5 ml/1 lugë çaji ujë
2,5 ml/½ lugë vaj susami

Përzieni pulën me të bardhën e vezës, kripën dhe niseshtën e misrit. Ngrohni gjysmën e vajit dhe skuqni pulën derisa të skuqet lehtë, më pas hiqeni nga tigani. Ngrohni vajin e mbetur dhe skuqni xhenxhefilin, kërpudhat, karotën dhe qepën e freskët për 3 minuta. Kthejeni pulën në tigan me verë ose sheri dhe ujë dhe gatuajeni derisa pula të zbutet. Shërbehet i spërkatur me vaj susami.

Pulë me xhenxhefil me kërpudha dhe gështenja

Ju mbani 4

60 ml/4 lugë vaj kikiriku (kikirikë).
225 g qepë të prerë në feta
450 g/1 paund pule, e prerë në kubikë
100 g kërpudha, të prera në feta
30 ml/2 lugë gjelle miell i thjeshtë (për të gjitha qëllimet).
60 ml/4 lugë salcë soje
10 ml/2 lugë çaji sheqer
kripë dhe piper i sapo bluar
900 ml/1½ pt/3¾ filxhanë ujë të nxehtë
2 feta rrënjë xhenxhefili, të prera

450g/1lb gështenja uji

Ngroheni gjysmën e vajit dhe skuqni qepën për 3 minuta, më pas hiqeni nga tigani. Ngrohni vajin e mbetur dhe skuqni pulën derisa të skuqet lehtë.

Shtoni kërpudhat dhe ziejini për 2 minuta. Spërkateni masën me miell, më pas përzieni salcën e sojës, sheqerin, kripën dhe piperin. Hidhni ujin dhe xhenxhefilin, qepën dhe gështenjat. Lëreni të vlojë, mbulojeni dhe ziejini për 20 minuta. Hiqeni kapakun dhe vazhdoni zierjen derisa salca të pakësohet.

Pulë e artë

Ju mbani 4

8 copa të vogla pule
300 ml/½ lugë/1¼ filxhan lëng pule
45 ml/3 lugë salcë soje
15 ml/1 lugë gjelle verë orizi ose sheri të thatë
5 ml/1 lugë çaji sheqer
1 rrënjë xhenxhefili e grirë në feta

Hidhni të gjithë përbërësit në një tenxhere të madhe, lërini të ziejnë, mbulojeni dhe ziejini për rreth 30 minuta derisa pula të piqet. Hiqeni kapakun dhe vazhdoni zierjen derisa salca të pakësohet.

Zierje pule e artë e marinuar

Ju mbani 4

4 copa pule
300 ml/½ pt/1¼ filxhan salcë soje
vajin e skuqur
4 qepë (qepë), të prera në feta trashë
1 fetë rrënjë xhenxhefili, e prerë
2 speca djegës të kuq, të prera në feta
3 feta anise yll
50g/2oz filiza bambuje, të prera në feta
150 ml/1½ pct/½ filxhan plot lëng pule
30 ml/2 lugë miell misri (niseshte misri)
60 ml/4 lugë gjelle ujë
5 ml/1 lugë çaji vaj susami

Pritini pulën në copa të mëdha dhe marinoni në salcë soje për 10 minuta. E heqim dhe e kullojmë duke e rezervuar salcën e sojës. Ngroheni vajin dhe skuqeni pulën për rreth 2 minuta derisa të skuqet. Hiqeni dhe kulloni. Hidhni në të gjithë vajin përveç 30 ml/2 lugë gjelle, më pas shtoni qepën e pranverës, xhenxhefilin, specin djegës dhe aniseun dhe kaurdisni për 1 minutë. Kthejeni pulën në tigan me fidanet e bambusë dhe salcën e sojës të rezervuar dhe shtoni lëngun e mjaftueshëm për të mbuluar pulën. Lëreni të vlojë dhe ziejini për rreth 10 minuta derisa pula të zbutet. Hiqeni pulën nga salca me një lugë të prerë dhe vendoseni në një pjatë të ngrohur. Kullojeni salcën dhe më pas kthejeni në tigan. Përzieni miellin e misrit dhe ujin derisa të përftoni një pastë,

Monedha ari

Ju mbani 4

4 fileto gjoks pule
30 ml/2 lugë mjaltë
30 ml/2 lugë gjelle uthull vere
30 ml/2 lugë gjelle ketchup domate (catsup)
30 ml/2 lugë salcë soje
majë kripë
2 thelpinj hudhre, te grira
5 ml/1 lugë çaji pluhur me pesë erëza
45 ml/3 lugë gjelle miell i thjeshtë (për të gjitha qëllimet).
2 vezë të rrahura
5 ml/1 lugë gjelle rrënjë xhenxhefili të grirë
5 ml/1 lugë gjelle lëvozhgë limoni të grirë
100 g/4 oz/1 filxhan bukë të thatë
vajin e skuqur

Vendoseni pulën në një tas. Përzieni së bashku mjaltin, uthullën e verës, ketchup, salcën e sojës, kripën, hudhrën dhe pluhurin me pesë erëza. Hidhni sipër pulën, përzieni mirë, mbulojeni dhe marinoni në frigorifer për 12 orë.

Hiqeni pulën nga marinada dhe prejeni në shirita të trashë sa gishti. Pluhuroni me miell. Rrihni vezët, xhenxhefilin dhe lëkurën e limonit. Lyejeni pulën në përzierje dhe më pas me thërrimet e bukës derisa të mbulohen në mënyrë të barabartë. Ngroheni vajin dhe skuqeni pulën derisa të skuqet.

Pulë e zier në avull me proshutë

Ju mbani 4

4 porcione pule
100 g/4oz proshutë të tymosur, të copëtuar
3 qepë (qepë), të grira
15 ml/1 lugë vaj kikiriku (kikirikë).
kripë dhe piper i sapo bluar
15 ml/1 lugë majdanoz i sheshtë

Pritini porcionet e pulës në copa 5 cm/1 dhe vendosini në një tas kundër furrës me proshutën dhe qepët e freskëta. Spërkateni me vaj dhe rregulloni me kripë dhe piper, më pas hidheni butësisht. Vendoseni enën në një raft në një tenxhere me avull, mbulojeni dhe ziejini me ujë të vluar për rreth 40 minuta derisa pula të zbutet. Shërbehen të zbukuruara me majdanoz.

Pulë me salcë Hoisin

Ju mbani 4

4 porcione pule, të prera në gjysmë

50 g/2 oz/½ filxhan miell misri (miseshte misri)

vajin e skuqur

10 ml/2 lugë gjelle rrënjë xhenxhefili të grirë

2 qepë, të grira

225 g lule brokoli

1 piper i kuq, i grire

225g/8oz kërpudha butona

250 ml/8 ml oz/1 filxhan lëng pule

45 ml/3 lugë gjelle verë orizi ose sheri të thatë

45 ml/3 lugë uthull musht

45 ml/3 lugë salcë hoisin

20 ml/4 lugë çaji salcë soje

Lyejmë copat e pulës me gjysmën e miellit të misrit. Ngrohni vajin dhe skuqni copat e pulës disa nga një për rreth 8 minuta derisa të skuqen dhe të gatuhen. E heqim nga tava dhe e kullojmë në letër kuzhine. Hiqni të gjithë, përveç 30 ml/2 lugë gjelle vaj nga tigani dhe skuqni xhenxhefilin për 1 minutë. Shtoni qepën dhe skuqeni për 1 minutë. Shtoni brokolin, piperin dhe kërpudhat dhe skuqini për 2 minuta. E bashkojmë lëngun me kremin e rezervuar dhe përbërësit e mbetur dhe e shtojmë në tigan. Lëreni të vlojë duke e trazuar dhe gatuajeni derisa salca të pastrohet. Kthejeni pulën në wok dhe gatuajeni, duke e trazuar, derisa të nxehet, rreth 3 minuta.

Pulë me mjaltë

Ju mbani 4

30 ml/2 lugë vaj kikiriku (kikiriku).
4 copa pule
30 ml/2 lugë salcë soje
120 ml/4 ml oz/½ filxhan verë orizi ose sheri të thatë
30 ml/2 lugë mjaltë
5 ml/1 lugë çaji kripë
1 qepë (qepë), e grirë
1 fetë rrënjë xhenxhefil, e prerë imët

Ngrohni vajin dhe skuqeni pulën derisa të skuqet nga të gjitha anët. Kullojeni vajin e tepërt. Përziejini përbërësit e tjerë dhe hidhini në tigan. Lëreni të vlojë, mbulojeni dhe ziejini për rreth 40 minuta derisa pula të jetë gatuar.

pulë "Kung Pao

Ju mbani 4

450 g/1 paund pule, e prerë në kubikë
1 e bardhe veze
5 ml/1 lugë çaji kripë
30 ml/2 lugë miell misri (niseshte misri)
60 ml/4 lugë vaj kikiriku (kikirikë).
25 g/1 oz djegës të kuq të tharë, të qëruar
5 ml/1 lugë çaji hudhër të grirë
15 ml/1 lugë gjelle salcë soje
15ml/1 lugë gjelle verë oriz ose sheri të thatë 5ml/1 lugë gjelle sheqer
5 ml/1 lugë çaji uthull vere
5 ml/1 lugë çaji vaj susami
30 ml/2 lugë ujë

Vendoseni pulën në një enë me të bardhën e vezës, kripën dhe gjysmën e niseshtës së misrit dhe lëreni të marinohet për 30 minuta. Ngrohni vajin dhe skuqni pulën derisa të skuqet lehtë, më pas hiqeni nga tigani. Ngroheni vajin dhe skuqni specin djegës dhe hudhrën për 2 minuta. E kthejmë pulën në tigan me salcën e sojës, verën ose sherin, sheqerin, uthullën e verës dhe vajin e susamit dhe e skuqim për 2 minuta. Përzieni miellin e mbetur të misrit me ujin, përzieni në tigan dhe gatuajeni, duke e trazuar, derisa salca të pastrohet dhe të trashet.

Pulë me presh

Ju mbani 4

30 ml/2 lugë vaj kikiriku (kikiriku).
5 ml/1 lugë çaji kripë
225 gr presh i prerë në feta
1 fetë rrënjë xhenxhefili, e prerë
225 g/8 oz pulë, e prerë në feta hollë
15 ml/1 lugë gjelle verë orizi ose sheri të thatë
15 ml/1 lugë gjelle salcë soje

Ngrohim gjysmën e vajit dhe kaurdisim kripën dhe preshin derisa të marrin ngjyrë kafe të lehtë, më pas i heqim nga tigani. Ngrohni vajin e mbetur dhe skuqni xhenxhefilin dhe pulën derisa të skuqen lehtë. Shtoni verën ose sherin dhe salcën e sojës dhe skuqeni për 2 minuta të tjera derisa pula të jetë gatuar. Vendosni preshin në tigan dhe përzieni derisa të nxehet. Shërbejeni menjëherë.

Pulë me limon

Ju mbani 4

4 gjoks pule pa kocka
2 vezë
50 g/2 oz/½ filxhan miell misri (miseshte misri)
50 g/2 oz/½ filxhan miell të thjeshtë (për të gjitha qëllimet).
150 ml/¼ pt/½ filxhan plot ujë
vaj kikiriku (kikirikë) për tiganisje
250 ml/8 ml oz/1 filxhan lëng pule
60 ml/5 lugë lëng limoni
30 ml/2 lugë gjelle verë orizi ose sheri të thatë
30 ml/2 lugë miell misri (niseshte misri)
30 ml/2 lugë gjelle pure domate (pastë)
1 kokë marule

Pritini çdo gjoks pule në 4 pjesë. Rrihni së bashku vezët, niseshtën e misrit dhe miellin, duke shtuar ujë të mjaftueshëm për të bërë një brumë të trashë. Vendosni copat e pulës në brumë dhe hidhini derisa të mbulohen plotësisht. Ngroheni vajin dhe skuqeni pulën derisa të skuqet dhe të gatuhet.

Ndërkohë, përzieni lëngun, lëngun e limonit, verën ose sherin, ajkën dhe purenë e domates dhe ngrohni butësisht, duke e trazuar, derisa të fryjë. Gatuani duke e përzier vazhdimisht derisa salca të trashet dhe të pastrohet. Vendoseni pulën në një pjatë të ngrohur në një shtrat me gjethe marule dhe derdhni sipër salcën ose shërbejeni anash.

Pulë me limon të skuqur në tigan

Ju mbani 4

450 g/1 lb pulë pa kocka, e prerë në feta
30 ml/2 lugë lëng limoni
15 ml/1 lugë gjelle salcë soje
15 ml/1 lugë gjelle verë orizi ose sheri të thatë
30 ml/2 lugë miell misri (niseshte misri)
30 ml/2 lugë vaj kikiriku (kikiriku).
2,5 ml/½ lugë çaji kripë
2 thelpinj hudhre, te grira
50 g gështenja me ujë, të prera në rripa
50 g fidane bambuje, të prera në shirita
disa gjethe kineze, të prera në rripa
60 ml/4 lugë gjelle lëng pule
15 ml/1 lugë gjelle pure domate (pastë)
15 ml/1 lugë sheqer
15 ml/1 lugë gjelle lëng limoni

Vendoseni pulën në një tas. Përzieni lëngun e limonit, salcën e sojës, verën ose sherin dhe 15ml/1 lugë niseshte misri, hidheni sipër pulës dhe lëreni të marinohet për 1 orë duke e kthyer herë pas here.

Ngrohni vajin, kripën dhe hudhrën derisa hudhra të skuqet lehtë, më pas shtoni pulën dhe marinadën dhe skuqeni për rreth 5 minuta derisa pula të skuqet lehtë. Shtoni gështenjat e ujit, lastarët e bambusë dhe gjethet kineze dhe skuqini për 3 minuta të tjera ose derisa pula të jetë gatuar. Shtoni përbërësit e mbetur dhe skuqini për rreth 3 minuta derisa salca të pastrohet dhe të trashet.

Mëlçi pule me kërcell bambuje

Ju mbani 4

225 gr mëlçi pule, të prerë në feta të trasha
45 ml/3 lugë gjelle verë orizi ose sheri të thatë
45 ml/3 lugë vaj kikiriku (kikiriku).
15 ml/1 lugë gjelle salcë soje
100 g kërcell bambuje, të prera në feta
100 g gështenja me ujë, të prera në feta
60 ml/4 lugë gjelle lëng pule
kripë dhe piper i sapo bluar

Përzieni mëlçitë e pulës me verën ose sherin dhe lëreni për 30 minuta. Ngroheni vajin dhe skuqni mëlçitë e pulës derisa të skuqen lehtë. Shtoni marinadën, salcën e sojës, lastarët e bambusë, gështenjat e ujit dhe supën. Lëreni të ziejë dhe rregulloni me kripë dhe piper. Mbulojeni dhe ziejini për rreth 10 minuta derisa të zbuten.

Mëlçitë e pulës së skuqur

Ju mbani 4

450 g mëlçi pule, të prerë në gjysmë
50 g/2 oz/½ filxhan miell misri (miseshte misri)
vajin e skuqur

Thajeni mëlçitë e pulës, më pas spërkatni me miell misri, duke shkundur atë të tepërt. Ngrohni vajin dhe skuqni mëlçitë e pulës për disa minuta derisa të skuqen dhe të gatuhen. Kullojini në letër kuzhine përpara se ta shërbeni.

Mëlçi pule me bizele bore

Ju mbani 4

225 gr mëlçi pule, të prerë në feta të trasha
10 ml/2 lugë miell misri (niseshte misri)
10 ml/2 lugë çaji verë orizi ose sheri të thatë
15 ml/1 lugë gjelle salcë soje
45 ml/3 lugë vaj kikiriku (kikiriku).
2,5 ml/½ lugë çaji kripë
2 feta rrënjë xhenxhefili, të prera
100 g/4oz bizele bore (bizele)
10 ml/2 lugë miell misri (niseshte misri)
60 ml/4 lugë gjelle ujë

Vendosni mëlçitë e pulës në një tas. Shtoni miellin e misrit, verën ose sherin dhe salcën e sojës dhe përzieni mirë që të lyhet. Ngroheni gjysmën e vajit dhe skuqni kripën dhe xhenxhefilin deri në kafe të artë. Shtoni bizelet e borës dhe skuqini derisa të lyhen mirë me vaj, më pas hiqeni nga tigani. Ngrohni vajin e mbetur dhe skuqni mëlçitë e pulës për 5 minuta derisa të gatuhen.

Përzieni miellin e misrit dhe ujin në një pastë, përzieni në tigan dhe gatuajeni, duke e trazuar, derisa salca të pastrohet dhe të trashet. Kthejini bizelet e borës në tigan dhe gatuajeni derisa të nxehen.

Mëlçi pule me petulla

Ju mbani 4

30 ml/2 lugë vaj kikiriku (kikiriku).
1 qepë, e prerë në feta
450 g mëlçi pule, të prerë në gjysmë
2 shkopinj selino, të prera në feta
120 ml/4 ml oz/½ filxhan lëng pule
15 ml/1 lugë gjelle miell misri (niseshte misri)
15 ml/1 lugë gjelle salcë soje
30 ml/2 lugë ujë
petulla brumi

Ngrohim vajin dhe kaurdisim qepën derisa të jetë e butë. Shtoni mëlçitë e pulës dhe skuqini derisa të marrin ngjyrë kafe. Shtoni selinon dhe skuqeni për 1 minutë. Shtoni lëngun, lëreni të vlojë, mbulojeni dhe ziejini për 5 minuta. Përzieni miellin e misrit, salcën e sojës dhe ujin në një pastë, përzieni në tigan dhe gatuajeni, duke e trazuar, derisa salca të pastrohet dhe të trashet. Masën e derdhim mbi petullën me petë dhe e shërbejmë.

Mëlçi pule me salcë goca deti

Ju mbani 4

45 ml/3 lugë vaj kikiriku (kikiriku).
1 qepë, e grirë
225 g mëlçi pule, të prerë në gjysmë
100 g kërpudha, të prera në feta
30 ml/2 lugë salcë perle
15 ml/1 lugë gjelle salcë soje
15 ml/1 lugë gjelle verë orizi ose sheri të thatë
120 ml/4 ml oz/½ filxhan lëng pule
5 ml/1 lugë çaji sheqer
15 ml/1 lugë gjelle miell misri (niseshte misri)
45 ml/3 lugë ujë

Ngroheni gjysmën e vajit dhe skuqni qepën derisa të jetë e butë. Shtoni mëlçitë e pulës dhe skuqini derisa të marrin ngjyrë kafe. Shtoni kërpudhat dhe skuqini për 2 minuta. Përzieni salcën e gocave të detit, salcën e sojës, verën ose sherin, lëngun dhe sheqerin, derdhni në tigan dhe lërini të ziejnë duke e trazuar.

Përzieni miellin e misrit dhe ujin në një pastë, shtoni në tigan dhe gatuajeni, duke e trazuar, derisa salca të pastrohet dhe të trashet dhe mëlçitë të jenë të buta.

Mëlçia e pulës me ananas

Ju mbani 4

225 g mëlçi pule, të prerë në gjysmë
45 ml/3 lugë vaj kikiriku (kikiriku).
30 ml/2 lugë salcë soje
15 ml/1 lugë gjelle miell misri (niseshte misri)
15 ml/1 lugë sheqer
15 ml/1 lugë gjelle uthull vere
kripë dhe piper i sapo bluar
100 g/4oz copa ananasi
60 ml/4 lugë gjelle lëng pule

Ziejini mëlçitë e pulës në ujë të vluar për 30 sekonda dhe më pas kullojini. Ngroheni vajin dhe skuqni mëlçitë e pulës për 30 sekonda. Përziejmë salcën e sojës, niseshtenë e misrit, sheqerin, uthullën e verës, kripën dhe piperin, i hedhim në tigan dhe i përziejmë mirë që të lyhen mëlçitë e pulës. Shtoni copat e ananasit dhe lëngun dhe skuqini për rreth 3 minuta derisa mëlçitë të jenë gatuar.

Mëlçi pule e ëmbël dhe e thartë

Ju mbani 4

30 ml/2 lugë vaj kikiriku (kikiriku).
450 g/1 lb mëlçi pule, e prerë në katër pjesë
2 speca jeshil të prerë në copa
4 kanaçe feta ananasi, të prera në copa
60 ml/4 lugë gjelle lëng pule
30 ml/2 lugë miell misri (niseshte misri)
10 ml/2 lugë çaji salcë soje
100 g/4 oz/½ filxhan sheqer
120 ml/4 ml oz/½ filxhan uthull vere
120 ml/4 ml oz/½ filxhan ujë

Ngrohni vajin dhe skuqni mëlçitë derisa të skuqen lehtë, më pas transferojini në një enë servirjeje të ngrohur. Shtoni specat në tigan dhe skuqini për 3 minuta. Shtoni ananasin dhe lëngun, lëreni të vlojë, mbulojeni dhe ziejini për 15 minuta. Përziejini përbërësit e tjerë në një pastë, përzieni në tigan dhe gatuajeni duke e trazuar derisa salca të trashet. Hidhni sipër mëlçitë e pulës dhe shërbejeni.

Pulë me lychees

Ju mbani 4

3 gjoks pule
60 ml/4 lugë miell misri (niseshte misri)
45 ml/3 lugë vaj kikiriku (kikiriku).
5 qepë (qepë), të prera në feta
1 spec i kuq zile, i prerë në copa të vogla
120 ml/4 ml oz/½ filxhan salcë domate
120 ml/4 ml oz/½ filxhan lëng pule
5 ml/1 lugë çaji sheqer
275 g/10 oz lychee të qëruar

Përgjysmoni gjoksin e pulës dhe hiqni dhe hidhni kockat dhe lëkurën. Pritini çdo gjoks në 6. Lëreni mënjanë 5 ml/1 lugë miell misri dhe hidhni pjesën e mbetur të pulës derisa të mbulohet mirë. Ngroheni vajin dhe skuqeni pulën për rreth 8 minuta derisa të marrë ngjyrë kafe. Shtoni qepën dhe piperin dhe skuqini për 1 minutë. Përziejmë salcën e domates, gjysmën e lëngut dhe sheqerin dhe i përziejmë në wok me lychees. Lëreni të vlojë, mbulojeni dhe ziejini për rreth 10 minuta derisa pula të gatuhet. Përzieni miellin e misrit dhe lëngun e rezervuar, më pas përzieni në tigan. Gatuani duke e trazuar derisa salca të pastrohet dhe të trashet.

Pulë me salcë lychee

Ju mbani 4

225 g/8 oz pule

1 qepë (qepë)

4 gështenja uji

30 ml/2 lugë miell misri (niseshte misri)

45 ml/3 lugë salcë soje

30 ml/2 lugë gjelle verë orizi ose sheri të thatë

2 te bardha veze

vajin e skuqur

400g/14oz kallaj me lyche në shurup

5 lugë supë pule

Grini (copëtoni) pulën me qepët dhe gështenjat e ujit. Përzieni 1/2 miellin e misrit, 30 ml/2 lugë salcë soje, verën ose sherin dhe të bardhat e vezëve. Formoni përzierjen në topa me madhësi arre. Ngroheni vajin dhe skuqeni pulën derisa të skuqet. I kullojmë në letër kuzhine.

Ndërkohë ngrohim butësisht shurupin e lychee me lëngun dhe salcën e sojës të rezervuar. Përzieni miellin e mbetur të misrit me pak ujë, përzieni në tigan dhe gatuajeni duke e trazuar derisa salca të pastrohet dhe të trashet. Përzieni lychee dhe gatuajeni që të ngrohet. Vendoseni pulën në një pjatë të ngrohur, derdhni sipër lychees dhe salsa dhe shërbejeni menjëherë.

Pulë me bizele bore

Ju mbani 4

225 g/8 oz pulë, e prerë në feta hollë
5 ml/1 lugë çaji miell misri (niseshte misri)
5 ml/1 lugë çaji verë orizi ose sheri të thatë
5 ml/1 lugë çaji vaj susami
1 e bardhe veze e rrahur lehte
45 ml/3 lugë vaj kikiriku (kikiriku).
1 thelpi hudhër, e shtypur
1 fetë rrënjë xhenxhefili, e prerë
100 g/4oz bizele bore (bizele)
120 ml/4 ml oz/½ filxhan lëng pule
kripë dhe piper i sapo bluar

Përzieni pulën me niseshte misri, verë ose sheri, vaj susami dhe të bardhën e vezës. Ngrohni gjysmën e vajit dhe kaurdisni hudhrën dhe xhenxhefilin derisa të skuqen lehtë. Shtoni pulën dhe skuqeni derisa të marrë ngjyrë të artë, më pas hiqeni nga tigani. Ngrohni vajin e mbetur dhe skuqni bizelet e borës për 2 minuta. Shtoni lëngun, lëreni të vlojë, mbulojeni dhe ziejini për 2 minuta. E kthejmë pulën në tigan dhe e rregullojmë me kripë dhe piper. Ziejeni derisa të nxehet.

fëmijë mango

Ju mbani 4

100 g/4 oz/1 filxhan miell të thjeshtë (të gjitha qëllimet).

250 ml/8 ml oz/1 filxhan ujë

2,5 ml/½ lugë çaji kripë

pluhur pjekje

3 gjoks pule

vajin e skuqur

1 fetë rrënjë xhenxhefili, e prerë

150 ml/¼ pt/½ filxhan lëng pule

45 ml/3 lugë gjelle uthull vere

45 ml/3 lugë gjelle verë orizi ose sheri të thatë

20 ml/4 lugë çaji salcë soje

10 ml/2 lugë çaji sheqer

10 ml/2 lugë miell misri (niseshte misri)

5 ml/1 lugë çaji vaj susami

5 qepë (qepë), të prera në feta

400g/11oz kallaj mango, të kulluar dhe të prerë në feta

Përzieni miellin, ujin, kripën dhe majanë. Lëreni të pushojë për 15 minuta. Hiqni dhe hidhni lëkurën dhe kockat e pulës. Pritini pulën në shirita të hollë. I përziejmë në masën e miellit. Ngroheni vajin dhe skuqeni pulën për rreth 5 minuta derisa të skuqet. E heqim nga tava dhe e kullojmë në letër kuzhine. Hiqni të gjithë, përveç 15 ml/1 lugë gjelle vaj nga wok dhe skuqni xhenxhefilin derisa të skuqet lehtë. Lëngun e përziejmë me uthullën e verës, verën ose sherin, salcën e sojës, sheqerin, kremin dhe vajin e susamit. Shtoni në tigan dhe lëreni të vlojë duke e trazuar. Shtoni qepët e freskëta dhe gatuajeni për 3 minuta. Shtoni pulën dhe mangon dhe gatuajeni duke e trazuar për 2 minuta.

Shalqi i mbushur me pule

Ju mbani 4

350 g/12oz pulë

6 gështenja uji

2 molusqe me lëvozhgë

4 feta rrënjë xhenxhefili

5 ml/1 lugë çaji kripë

15 ml/1 lugë gjelle salcë soje

600ml/1pc/2½ filxhan lëng pule

8 pjepër të vegjël ose 4 të mesëm

Pritini imët pulën, gështenjat, molusqet dhe xhenxhefilin dhe përzieni me kripën, salcën e sojës dhe lëngun. Prisni pjesën e sipërme të pjeprit dhe hiqni farat. Nënshkruani skajet e sipërme. Mbushni pjepërat me përzierjen e pulës dhe vendosini në një raft në një furrë me avull. Ziejini në ujë të vluar për 40 minuta derisa pula të piqet.

Pulë e skuqur dhe kërpudha

Ju mbani 4

45 ml/3 lugë vaj kikiriku (kikiriku).

1 thelpi hudhër, e shtypur

1 qepë (qepë), e grirë

1 fetë rrënjë xhenxhefili, e prerë

225 g gjoks pule, të prerë në copa

225g/8oz kërpudha butona

45 ml/3 lugë salcë soje

15 ml/1 lugë gjelle verë orizi ose sheri të thatë

5 ml/1 lugë çaji miell misri (niseshte misri)

Ngrohni vajin dhe kaurdisni hudhrat, qepën dhe xhenxhefilin derisa të skuqen lehtë. Shtoni pulën dhe skuqeni për 5 minuta. Shtoni kërpudhat dhe skuqini për 3 minuta. Shtoni salcën e sojës, verën ose sherin dhe miellin e misrit dhe skuqini për rreth 5 minuta derisa pula të jetë gatuar.

Pulë me kërpudha dhe lajthi

Ju mbani 4

30 ml/2 lugë vaj kikiriku (kikiriku).
2 thelpinj hudhre, te grira
1 fetë rrënjë xhenxhefili, e prerë
450 g/1 lb pulë pa kocka, të prera në kubikë
225g/8oz kërpudha butona
100 g lastarë bambuje, të prera në rripa
1 spec jeshil, i prerë në kubikë
1 spec i kuq zile, i prerë në kubikë
250 ml/8 ml oz/1 filxhan lëng pule
30 ml/2 lugë gjelle verë orizi ose sheri të thatë
15 ml/1 lugë gjelle salcë soje
15 ml/1 lugë gjelle salcë Tabasco
30 ml/2 lugë miell misri (niseshte misri)
30 ml/2 lugë ujë

Ngrohni vajin, hudhrën dhe xhenxhefilin derisa hudhra të skuqet lehtë. Shtoni pulën dhe skuqeni derisa të skuqet lehtë. Shtoni kërpudhat, lastarët e bambusë dhe specat dhe skuqini për 3 minuta. Shtoni lëngun, verën ose sherin, salcën e sojës dhe salcën Tabasco dhe lërini të ziejnë duke e trazuar. Mbulojeni dhe ziejini për rreth 10 minuta derisa pula të jetë gatuar. Përzieni miellin e misrit dhe ujin dhe përzieni në salcë. Gatuani duke e trazuar derisa salca të pastrohet dhe të trashet, duke shtuar edhe pak lëng ose ujë nëse salca është shumë e trashë.

Pulë e skuqur me kërpudha

Ju mbani 4

6 kërpudha të thata kineze
1 gjoks pule, të prerë hollë
1 fetë rrënjë xhenxhefili, e prerë
2 qepë (qepë), të grira
15 ml/1 lugë gjelle miell misri (niseshte misri)
15 ml/1 lugë gjelle verë orizi ose sheri të thatë
30 ml/2 lugë ujë
2,5 ml/½ lugë çaji kripë
45 ml/3 lugë vaj kikiriku (kikiriku).
225 g kërpudha të prera në feta
100 g lakër fasule
15 ml/1 lugë gjelle salcë soje
5 ml/1 lugë çaji sheqer
120 ml/4 ml oz/½ filxhan lëng pule

Thithni kërpudhat në ujë të ngrohtë për 30 minuta dhe më pas kullojini. Hidhni kërcellet dhe prisni kapakët. Vendoseni pulën në një tas. Përziejmë xhenxhefilin, qepën, niseshtenë e misrit, verën ose sherin, ujin dhe kripën, ia shtojmë pulës dhe e lëmë të pushojë për 1 orë. Ngrohni gjysmën e vajit dhe skuqni pulën derisa të skuqet lehtë, më pas hiqeni nga tigani. Ngrohni vajin e mbetur dhe kaurdisni kërpudhat e thata dhe të freskëta dhe lakër fasule për 3 minuta. Shtoni salcën e sojës, sheqerin dhe lëngun, lëreni të vlojë, mbulojeni dhe ziejini për 4 minuta derisa perimet të zbuten. Kthejeni pulën në tigan, hidheni mirë dhe ngroheni butësisht përpara se ta shërbeni.

Pulë e zier në avull me kërpudha

Ju mbani 4

4 copa pule

30 ml/2 lugë miell misri (niseshte misri)

30 ml/2 lugë salcë soje

3 qepë (qepë), të grira

2 feta rrënjë xhenxhefili, të prera

2,5 ml/½ lugë çaji kripë

100 g kërpudha, të prera në feta

Pritini copat e pulës në 5cm/2 copa dhe vendosini në një tas kundër furrës. Përzieni miellin e misrit dhe salcën e sojës në një pastë, përzieni qepët e pranverës, xhenxhefilin dhe kripën dhe përzieni mirë me pulën. Përziejini butësisht kërpudhat.
Vendoseni enën në një raft në një tenxhere me avull, mbulojeni

dhe ziejini me ujë të vluar për rreth 35 minuta, derisa pula të zbutet.

Pulë me qepë

Ju mbani 4

60 ml/4 lugë vaj kikiriku (kikirikë).
2 qepë, të grira
450 g/1 lb pule, e prerë në feta
30 ml/2 lugë gjelle verë orizi ose sheri të thatë
250 ml/8 ml oz/1 filxhan lëng pule
45 ml/3 lugë salcë soje
30 ml/2 lugë miell misri (niseshte misri)
45 ml/3 lugë ujë

Ngroheni vajin dhe skuqni qepën derisa të skuqet lehtë. Shtoni pulën dhe skuqeni derisa të skuqet lehtë. Shtoni verën ose sherin, lëngun dhe salcën e sojës, lëreni të ziejë, mbulojeni dhe ziejini për 25 minuta derisa pula të zbutet. Përzieni miellin e misrit dhe ujin në një pastë, përzieni në tigan dhe gatuajeni, duke e trazuar, derisa salca të pastrohet dhe të trashet.

Pulë me portokall dhe limon

Ju mbani 4

350g/1lb pule, e prerë në rripa
30 ml/2 lugë vaj kikiriku (kikiriku).
2 thelpinj hudhre, te grira
2 feta rrënjë xhenxhefili, të prera
lëvozhgë e grirë e ½ portokalli
lëkura e grirë e ½ limoni
45 ml/3 lugë lëng portokalli
45 ml/3 lugë gjelle lëng limoni
15 ml/1 lugë gjelle salcë soje
3 qepë (qepë), të grira
15 ml/1 lugë gjelle miell misri (niseshte misri)
45 ml/1 lugë gjelle ujë

Ziejeni pulën në ujë të vluar për 30 sekonda dhe më pas kullojeni. Ngrohni vajin dhe kaurdisni hudhrën dhe xhenxhefilin për 30 sekonda. Shtoni lëkurën dhe lëngun e portokallit dhe limonit, salcën e sojës dhe qepën dhe skuqini për 2 minuta. Shtoni pulën dhe gatuajeni për disa minuta derisa pula të zbutet. Përzieni miellin e misrit dhe ujin në një pastë, shtoni në tigan dhe gatuajeni, duke e trazuar, derisa salca të trashet.

Pulë me salcë goca deti

Ju mbani 4

30 ml/2 lugë vaj kikiriku (kikiriku).
1 thelpi hudhër, e shtypur
1 fetë xhenxhefil, e grirë hollë
450 g/1 lb pule, e prerë në feta
250 ml/8 ml oz/1 filxhan lëng pule
30 ml/2 lugë salcë perle
15 ml/1 lugë gjelle verë oriz ose sheri
5 ml/1 lugë çaji sheqer

Ngroheni vajin me hudhrën dhe xhenxhefilin dhe skuqeni derisa të marrin ngjyrë kafe. Shtoni pulën dhe skuqeni për rreth 3 minuta derisa të skuqet lehtë. Shtoni lëngun, salcën e gocave, verën ose sherin dhe sheqerin, lëreni të ziejë duke e trazuar, më pas mbulojeni dhe ziejini për rreth 15 minuta, duke e përzier herë pas here, derisa pula të zihet. Hiqeni kapakun dhe vazhdoni të gatuani duke e trazuar për rreth 4 minuta derisa salca të zvogëlohet dhe të trashet.

Pako pule

Ju mbani 4

225 g/8 oz pule

30 ml/2 lugë gjelle verë orizi ose sheri të thatë

30 ml/2 lugë salcë soje

letër dylli ose pergamenë për pjekje

30 ml/2 lugë vaj kikiriku (kikiriku).

vajin e skuqur

Pritini pulën në kubikë 5 cm/2. Përziejmë verën ose sherin dhe salcën e sojës, i hedhim sipër pulës dhe i përziejmë mirë. Mbulojeni dhe lëreni të qëndrojë për 1 orë, duke e përzier herë pas here. Pritini letrën në katrorë 10cm/4 dhe lyejeni me vaj. Kullojeni mirë pulën. Vendosni një copë letre në sipërfaqen tuaj të punës me një cep përballë jush. Vendosni një copë pule në shesh pak poshtë qendrës, paloseni në këndin e poshtëm dhe paloseni përsëri për të mbyllur pulën. Paloseni anash, pastaj paloseni në këndin e sipërm për të siguruar paketimin. Ngroheni vajin dhe skuqni petat e pulës për rreth 5 minuta derisa të gatuhen. Shërbejeni të ngrohtë në pako që mysafirët të hapen.

Pulë lajthie

Ju mbani 4

225 g/8 oz pulë, e prerë në feta hollë
1 e bardhe veze e rrahur lehte
10 ml/2 lugë miell misri (niseshte misri)
45 ml/3 lugë vaj kikiriku (kikiriku).
1 thelpi hudhër, e shtypur
1 fetë rrënjë xhenxhefili, e prerë
2 presh të grira
30 ml/2 lugë salcë soje
15 ml/1 lugë gjelle verë orizi ose sheri të thatë
100 gr kikirikë të pjekur

Përziejmë pulën me të bardhën e vezës dhe kremin derisa të lyhen mirë. Ngrohni gjysmën e vajit dhe skuqni pulën derisa të marrë ngjyrë kafe, më pas hiqeni nga tigani. Ngrohni vajin e mbetur dhe kaurdisni hudhrën dhe xhenxhefilin derisa të zbuten. Shtoni preshin dhe skuqeni derisa të marrin një ngjyrë kafe të lehtë. Përzieni salcën e sojës dhe verën ose sherin dhe ziejini për 3 minuta. Kthejeni pulën në tigan me kikirikë dhe gatuajeni butësisht derisa të nxehet.

Pulë me gjalpë kikiriku

Ju mbani 4

4 gjoks pule, të prerë në kubikë
kripë dhe piper i sapo bluar
5 ml/1 lugë çaji pluhur me pesë erëza
45 ml/3 lugë vaj kikiriku (kikiriku).
1 qepë e prerë në kubikë
2 karota, të prera në kubikë
1 kërcell selino të prerë në kubikë
300 ml/½ lugë/1 ¼ filxhan lëng pule
10 ml/2 lugë gjelle pure domate (pastë)
100 g/4 oz gjalpë kikiriku
15 ml/1 lugë gjelle salcë soje
10 ml/2 lugë miell misri (niseshte misri)
sheqer kaf pluhur
15 ml/1 lugë gjelle qiqra të grira

E rregullojmë pulën me kripë, piper dhe pluhur me pesë erëza. Ngroheni vajin dhe skuqeni pulën derisa të jetë e butë. Hiqeni nga tigani. Shtoni perimet dhe skuqini derisa të jenë të buta, por ende krokante. Përzieni lëngun me përbërësit e tjerë, përveç qiqrave, përzieni në tigan dhe lëreni të vlojë. Kthejeni pulën në tigan dhe ngroheni duke e trazuar. Shërbehet i spërkatur me sheqer.

Pulë me bizele të gjelbra

Ju mbani 4

60 ml/4 lugë vaj kikiriku (kikirikë).
1 qepë, e grirë
450 g/1 paund pule, e prerë në kubikë
kripë dhe piper i sapo bluar
100 g bizele
2 kërcell selino, të prera
100 g kërpudha, të copëtuara
250 ml/8 ml oz/1 filxhan lëng pule
15 ml/1 lugë gjelle miell misri (niseshte misri)
15 ml/1 lugë gjelle salcë soje
60 ml/4 lugë gjelle ujë

Ngroheni vajin dhe skuqni qepën derisa të skuqet lehtë. Shtoni pulën dhe skuqeni derisa të marrë ngjyrë. I rregullojmë me kripë dhe piper dhe i shtojmë bizelet, selinon dhe kërpudhat dhe i përziejmë mirë. Shtoni lëngun, lëreni të vlojë, mbulojeni dhe ziejini për 15 minuta. Përzieni miellin e misrit, salcën e sojës dhe ujin në një pastë, shtoni në tigan dhe gatuajeni, duke e trazuar, derisa salca të pastrohet dhe të trashet.

Pulë e Pekinit

Ju mbani 4

4 porcione pule
kripë dhe piper i sapo bluar
5 ml/1 lugë çaji sheqer
1 qepë (qepë), e grirë
1 fetë rrënjë xhenxhefili, e prerë
15 ml/1 lugë gjelle salcë soje
15 ml/1 lugë gjelle verë orizi ose sheri të thatë
15 ml/1 lugë gjelle miell misri (niseshte misri)
vajin e skuqur

Vendosni pjesët e pulës në një tas të cekët dhe spërkatni me kripë dhe piper. Përzieni sheqerin, qepën, xhenxhefilin, salcën e sojës dhe verën ose sherin, bashkoni me pulën, mbulojeni dhe lëreni të marinohet për 3 orë. Kullojeni pulën dhe spërkatni me miell misri. Ngroheni vajin dhe skuqeni pulën derisa të skuqet dhe të gatuhet. Kullojini mirë përpara se ta shërbeni.

Pulë me speca

Ju mbani 4

60 ml/4 lugë salcë soje

45 ml/3 lugë gjelle verë orizi ose sheri të thatë

45 ml/3 lugë miell misri (niseshte misri)

450 g/1 lb pulë, e grirë (i bluar)

60 ml/4 lugë vaj kikiriku (kikirikë).

2,5 ml/½ lugë çaji kripë

2 thelpinj hudhre, te grira

2 speca të kuq të prerë në kubikë

1 spec jeshil, i prerë në kubikë

5 ml/1 lugë çaji sheqer

300 ml/½ lugë/1¼ filxhan lëng pule

Përzieni gjysmën e salcës së sojës, gjysmën e verës ose sherit dhe gjysmën e niseshtës së misrit. Hidhni sipër pulën, përzieni mirë dhe lëreni të marinohet për të paktën 1 orë. Ngroheni gjysmën e vajit me kripë dhe hudhër derisa të skuqet lehtë. Shtoni pulën dhe marinadën dhe skuqeni për rreth 4 minuta derisa pula të zbardhet, më pas hiqeni nga tigani. Shtoni vajin e mbetur në tigan dhe skuqni specat për 2 minuta. Shtoni sheqerin në tigan me salcën e mbetur të sojës, verën ose sherin dhe niseshtenë e misrit dhe përziejini mirë. Shtoni lëngun e mishit, lëreni të ziejë, më pas gatuajeni duke e trazuar derisa salca të trashet. Kthejeni pulën në tigan, mbulojeni dhe gatuajeni për 4 minuta derisa pula të jetë gatuar.

Pulë e skuqur me speca

Ju mbani 4

1 gjoks pule, të prerë hollë
2 feta rrënjë xhenxhefili, të prera
2 qepë (qepë), të grira
15 ml/1 lugë gjelle miell misri (niseshte misri)
30 ml/2 lugë gjelle verë orizi ose sheri të thatë
30 ml/2 lugë ujë
2,5 ml/½ lugë çaji kripë
45 ml/3 lugë vaj kikiriku (kikiriku).
100 g gështenja me ujë, të prera në feta
1 spec i kuq zile, i prerë në rripa
1 spec jeshil, i prere ne rripa
1 spec të verdhë, të prerë në rripa
30 ml/2 lugë salcë soje
120 ml/4 ml oz/½ filxhan lëng pule

Vendoseni pulën në një tas. Përziejmë xhenxhefilin, qepën, niseshtenë e misrit, verën ose sherin, ujin dhe kripën, ia shtojmë pulës dhe e lëmë të pushojë për 1 orë. Ngrohni gjysmën e vajit dhe skuqni pulën derisa të skuqet lehtë, më pas hiqeni nga tigani. Ngrohni vajin e mbetur dhe skuqni gështenjat dhe specat për 2 minuta. Shtoni salcën e sojës dhe lëngun, lëreni të vlojë, mbulojeni dhe ziejini për 5 minuta derisa perimet të zbuten. Kthejeni pulën në tigan, hidheni mirë dhe ngroheni butësisht përpara se ta shërbeni.

Pulë dhe ananas

Ju mbani 4

30 ml/2 lugë vaj kikiriku (kikiriku).
5 ml/1 lugë çaji kripë
2 thelpinj hudhre, te grira
450 g/1 lb pulë pa kocka, e prerë në feta hollë
2 qepë, të prera në feta
100 g gështenja me ujë, të prera në feta
100 g/4oz copa ananasi
30 ml/2 lugë gjelle verë orizi ose sheri të thatë
450 ml/¾ për/2 gota supë pule
5 ml/1 lugë çaji sheqer
piper i sapo bluar
30 ml/2 lugë gjelle lëng ananasi
30 ml/2 lugë salcë soje
30 ml/2 lugë miell misri (niseshte misri)

Ngroheni vajin, kripën dhe hudhrën derisa hudhra të skuqet lehtë. Shtoni pulën dhe skuqeni për 2 minuta. Shtoni qepën, gështenjat e ujit dhe ananasin dhe skuqini për 2 minuta. Shtoni verën ose sherin, lëngun dhe sheqerin dhe i rregulloni me piper. Lëreni të vlojë, mbulojeni dhe ziejini për 5 minuta. Përzieni lëngun e ananasit, salcën e sojës dhe niseshtën e misrit. I trazojmë në tigan dhe i gatuajmë duke e trazuar derisa salca të trashet dhe të pastrohet.

Pulë me ananas dhe lychee

Ju mbani 4

30 ml/2 lugë vaj kikiriku (kikiriku).
225 g/8 oz pulë, e prerë në feta hollë
1 fetë rrënjë xhenxhefili, e prerë
15 ml/1 lugë gjelle salcë soje
15 ml/1 lugë gjelle verë orizi ose sheri të thatë
200 g copa ananasi të konservuara në shurup
200 g/7oz kallaj me lyche në shurup
15 ml/1 lugë gjelle miell misri (niseshte misri)

Ngrohni vajin dhe skuqni pulën derisa të marrë ngjyrë të lehtë. Shtoni salcën e sojës dhe verën ose sherin dhe përziejini mirë. Matni 250 ml/8 floz/1 filxhan shurup ananasi të përzier Lychee dhe lëreni mënjanë 30 ml/2 lugë gjelle. Shtoni pjesën tjetër në tigan, lëreni të vlojë dhe gatuajeni për disa minuta derisa pula të zbutet. Shtoni copat e ananasit dhe lychee. Përzieni miellin e misrit me shurupin e rezervuar, përzieni në tigan dhe gatuajeni duke e trazuar derisa salca të pastrohet dhe të trashet.

Pulë me mish derri

Ju mbani 4

1 gjoks pule, të prerë hollë
100g/4oz mish derri pa dhjamë, i prerë në feta hollë
60 ml/4 lugë salcë soje
15 ml/1 lugë gjelle miell misri (niseshte misri)
1 e bardhe veze
45 ml/3 lugë vaj kikiriku (kikiriku).
3 feta rrënjë xhenxhefili, të prera
50g/2oz filiza bambuje, të prera në feta
225 g kërpudha të prera në feta
225g/8oz gjethe kineze, të copëtuara
120 ml/4 ml oz/½ filxhan lëng pule
30 ml/2 lugë ujë

Përzieni mishin e pulës dhe derrit. Përzieni salcën e sojës, 5 ml/1 lugë gjelle niseshte misri dhe të bardhën e vezës dhe përzieni mishin e pulës dhe derrit. Lëreni të pushojë për 30 minuta. Ngrohni gjysmën e vajit dhe skuqni pulën dhe mishin e derrit derisa të marrin një ngjyrë kafe të lehtë, më pas hiqeni nga tigani. Ngrohni vajin e mbetur dhe skuqni xhenxhefilin, lastarët e bambusë, kërpudhat dhe gjethet kineze derisa të lyhen mirë me vaj. Shtoni lëngun dhe lëreni të ziejë. Masën e pulës e vendosim në tigan, e mbulojmë dhe e kaurdisim për rreth 3 minuta derisa mishi të zbutet. Përzieni miellin e mbetur të misrit në një pastë me ujë, përzieni në salcë dhe gatuajeni, duke e trazuar, derisa salca të trashet. Shërbejeni menjëherë.

Pulë e zier me patate

Ju mbani 4

4 copa pule
45 ml/3 lugë vaj kikiriku (kikiriku).
1 qepë, e prerë në feta
1 thelpi hudhër, e shtypur
2 feta rrënjë xhenxhefili, të prera
450 ml/¾ për/2 gota ujë
45 ml/3 lugë salcë soje
15 ml/1 lugë sheqer kaf
2 patate të prera në kubikë

Pritini pulën në 5 cm/2 copa. Ngrohni vajin dhe skuqni qepën, hudhrën dhe xhenxhefilin derisa të skuqen lehtë. Shtoni pulën dhe skuqeni derisa të skuqet lehtë. Shtoni ujin dhe salcën e sojës dhe lërini të ziejnë. Shtoni sheqerin, mbulojeni dhe ziejini për rreth 30 minuta. Shtoni patatet në tigan, mbulojeni dhe ziejini për 10 minuta të tjera derisa pula të zbutet dhe patatet të jenë gatuar.

Pesë pule me erëza me patate

Ju mbani 4

45 ml/3 lugë vaj kikiriku (kikiriku).
450 g/1 lb pule, e prerë në copa
kripë
45 ml/3 lugë pastë fasule të verdhë
45 ml/3 lugë salcë soje
5 ml/1 lugë çaji sheqer
5 ml/1 lugë çaji pluhur me pesë erëza
1 patate e prerë në kubikë
450 ml/¾ për/2 gota supë pule

Ngroheni vajin dhe skuqeni pulën derisa të skuqet lehtë. Spërkateni me kripë, më pas shtoni pastën e fasules, salcën e sojës, sheqerin dhe pluhurin me pesë erëza dhe skuqeni për 1 minutë. Shtoni pataten dhe përziejini mirë, më pas shtoni lëngun, lëreni të vlojë, mbulojeni dhe ziejini për rreth 30 minuta derisa të zbuten.

Pulë e pjekur e kuqe

Ju mbani 4

450 g/1 lb pule, e prerë në feta
120 ml/4 ml oz/½ filxhan salcë soje
15 ml/1 lugë sheqer
2 feta rrënjë xhenxhefili, të prera imët
90 ml/6 lugë gjelle lëng pule
30 ml/2 lugë gjelle verë orizi ose sheri të thatë
4 qepë (qepëza), të prera në feta

Hidhini të gjithë përbërësit në një tenxhere dhe lërini të vlojnë. Mbulojeni dhe ziejini për rreth 15 minuta derisa pula të jetë gatuar. Hiqeni kapakun dhe vazhdoni të gatuani për rreth 5 minuta duke e përzier herë pas here derisa salca të trashet. Shërbehet i spërkatur me qepë.

Qofte pule

Ju mbani 4

225 g/8 oz pulë, e grirë (i bluar)
3 gështenja uji, të grira
1 qepë (qepë), e grirë
1 fetë rrënjë xhenxhefili, e prerë
2 te bardha veze
5 ml/2 lugë kripë
5 ml/1 lugë çaji piper i sapo bluar
120 ml/4 ml oz/½ filxhan vaj kikiriku (kikiriku).
5 ml/1 lugë çaji proshutë e grirë

Përziejmë pulën, gështenjat, gjysmën e qepës, xhenxhefilin, të bardhat e vezëve, kripën dhe piperin. Formoni topa dhe rrafshoni. Ngroheni vajin dhe skuqni qoftet deri në kafe të artë duke i kthyer një herë. Shërbehet i spërkatur me qepën e mbetur dhe proshutën.

Pulë e kripur

Ju mbani 4

30 ml/2 lugë vaj kikiriku (kikiriku).

4 copa pule

3 qepë (qepë), të grira

2 thelpinj hudhre, te grira

1 fetë rrënjë xhenxhefili, e prerë

120 ml/4 ml oz/½ filxhan salcë soje

30 ml/2 lugë gjelle verë orizi ose sheri të thatë

30 ml/2 lugë sheqer kaf

5 ml/1 lugë çaji kripë

375 ml/13 ml ons/1½ filxhan ujë

15 ml/1 lugë gjelle miell misri (niseshte misri)

Ngrohni vajin dhe skuqni copat e pulës deri në kafe. Shtoni qepën, hudhrën dhe xhenxhefilin dhe skuqini për 2 minuta. Shtoni salcën e sojës, verën ose sherin, sheqerin dhe kripën dhe përziejini mirë. Shtoni ujin dhe lëreni të vlojë, mbulojeni dhe ziejini për 40 minuta. Përziejmë niseshtën e misrit me pak ujë, e shtojmë në salcë dhe e kaurdisim duke e trazuar derisa salca të pastrohet dhe të trashet.

Pulë në vaj susami

Ju mbani 4

90 ml/6 lugë vaj kikiriku (kikirikë).
60 ml/4 lugë vaj susami
5 feta rrënjë xhenxhefili
4 copa pule
600ml/1pt/2½ filxhanë verë orizi ose sheri të thatë
5 ml/1 lugë çaji sheqer
kripë dhe piper i sapo bluar

Ngrohni vajrat dhe skuqni xhenxhefilin dhe pulën derisa të skuqen lehtë. Shtoni verën ose sherin dhe e rregulloni me sheqer, kripë dhe piper. Lëreni të vlojë dhe ziejini pa mbuluar derisa pula të zbutet dhe salca të jetë pakësuar. Shërbejeni në tasa.

Sherry pule

Ju mbani 4

30 ml/2 lugë vaj kikiriku (kikiriku).

4 copa pule

120 ml/4 ml oz/½ filxhan salcë soje

500 ml/17 ml oz/2¼ filxhan verë orizi ose sheri të thatë

30 ml/2 lugë sheqer

5 ml/1 lugë çaji kripë

2 thelpinj hudhre, te grira

1 fetë rrënjë xhenxhefili, e prerë

Ngrohni vajin dhe skuqeni pulën derisa të skuqet nga të gjitha anët. Kulloni vajin e tepërt dhe shtoni të gjithë përbërësit e tjerë. Lëreni të vlojë, mbulojeni dhe ziejini në zjarr mjaft të lartë për 25 minuta. Ulni zjarrin dhe ziejini për 15 minuta të tjera derisa pula të jetë gatuar dhe salca të jetë pakësuar.

Pulë me salcë soje

Ju mbani 4

350 g/12oz pulë, e prerë në kubikë

2 qepë (qepë), të grira

3 feta rrënjë xhenxhefili, të prera

15 ml/1 lugë gjelle miell misri (niseshte misri)

30 ml/2 lugë gjelle verë orizi ose sheri të thatë

30 ml/2 lugë ujë

45 ml/3 lugë vaj kikiriku (kikiriku).

60 ml/4 lugë salcë soje e trashë

5 ml/1 lugë çaji sheqer

Përzieni pulën, qepën, xhenxhefilin, miellin e misrit, verën ose sherin dhe ujin dhe lëreni të qëndrojë për 30 minuta, duke i përzier herë pas here. Ngroheni vajin dhe skuqeni pulën për rreth 3 minuta derisa të skuqet lehtë. Shtoni salcën e sojës dhe sheqerin dhe skuqeni për rreth 1 minutë derisa pula të jetë gatuar dhe e butë.

Pulë e pjekur pikante

Ju mbani 4

150 ml/¼ pt/½ filxhan salcë soje të grumbulluar
2 thelpinj hudhre, te grira
50 g/2 oz/¼ filxhan sheqer kaf
1 qepë, e grirë hollë
30 ml/2 lugë gjelle pure domate (pastë)
1 fetë limoni, e prerë
1 fetë rrënjë xhenxhefili, e prerë
45 ml/3 lugë gjelle verë orizi ose sheri të thatë
4 copa të mëdha pule

Përziejini të gjithë përbërësit përveç pulës. Vendoseni pulën në një enë rezistente ndaj furrës, derdhni masën mbi të, mbulojeni dhe marinoni gjatë gjithë natës, duke e larë herë pas here. Gatuani pulën në një furrë të parangrohur në 180°C/350°F/gaz 4 për 40 minuta, duke e rrotulluar dhe pastruar herë pas here. Hiqeni kapakun, rrisni temperaturën e furrës në 200°C/400°F/gaz shenjën 6 dhe vazhdoni të gatuani edhe për 15 minuta të tjera derisa pula të piqet.

Pulë me spinaq

Ju mbani 4

100 g/4oz pulë, e grirë
15 ml/1 lugë gjelle yndyrë proshutë e grirë
175 ml/6 ml oz/¾ filxhan lëng pule
3 të bardha veze të rrahura lehtë
kripë
5 ml/1 lugë çaji ujë
450 g/1 lb spinaq, i grirë imët
5 ml/1 lugë çaji miell misri (niseshte misri)
45 ml/3 lugë vaj kikiriku (kikiriku).

Përzieni pulën, yndyrën e proshutës, 150 ml/¼ pt/½ filxhan lëng pule, të bardhat e vezëve, 5 ml/1 lugë kripë dhe ujë. Përzieni spinaqin me lëngun e mbetur, pak kripë dhe niseshtën e misrit të përzier me pak ujë. Ngroheni gjysmën e vajit, shtoni përzierjen e spinaqit në tigan dhe përzieni vazhdimisht në zjarr të ulët derisa të nxehet. Transferoni në një pjatë të ngrohur dhe mbajeni të ngrohtë. Ngrohni vajin e mbetur dhe skuqni lugët e përzierjes së pulës derisa të zbardhet. Sipër e rregullojmë spinaqin dhe e shërbejmë menjëherë.

Spring rolls me pulë

Ju mbani 4

15 ml/1 lugë vaj kikiriku (kikirikë).

majë kripë

1 thelpi hudhër, e shtypur

225 g/8 oz pulë, e prerë në rripa

100 g kërpudha, të prera në feta

175 g lakër, të copëtuar

100g/4oz fidane bambuje, të grira

50 gr gështenja me ujë, të grira

100 g lakër fasule

5 ml/1 lugë çaji sheqer

5 ml/1 lugë çaji verë orizi ose sheri të thatë

5 ml/1 lugë çaji salcë soje

8 lëkura roll për pranverë

vajin e skuqur

Ngrohni vajin, kripën dhe hudhrën dhe skuqni butësisht derisa hudhra të fillojë të marrë ngjyrë të artë. Shtoni pulën dhe kërpudhat dhe skuqini për disa minuta derisa pula të zbardhet. Shtoni lakrën, lastarët e bambusë, gështenjat e ujit dhe filizat e fasules dhe skuqini për 3 minuta. Shtoni sheqerin, verën ose sherin dhe salcën e sojës, përziejini mirë, mbulojeni dhe ziejini për 2 minutat e fundit. Kthejeni në një kullesë dhe lëreni të kullojë.

Vendosni disa kukulla të përzierjes së mbushjes në qendër të çdo rrotulleje, palosni në fund, palosni në anët dhe më pas rrotullojeni duke mbyllur mbushjen. Mbyllni skajin me pak përzierje miell-ujë dhe lëreni të thahet për 30 minuta. Ngrohni vajin dhe skuqni rrotullat e pranverës për rreth 10 minuta derisa të bëhen krokante dhe të marrin ngjyrë të artë. Kullojini mirë përpara se ta shërbeni.

www.ingramcontent.com/pod-product-compliance
Lightning Source LLC
Chambersburg PA
CBHW071901110526
44591CB00011B/1507